인생을 바꾸는 강력한 힘
루틴의 기적

# THE MIRACLE OF ROUTINE

— 인생을 바꾸는 강력한 힘 —

# 루틴의 기적

허철희 지음

두드림미디어

# 추천사

무슨 일에 있어서든 성공적인 결과를 만들기 위해서는 수많은 노력과 과정이 필요하며, 긍정적인 생각과 건강한 습관을 체질화해야 한다. 농협회장을 역임하는 동안 입사한 필자는 좋은 습관과 실천으로 농협에 공헌해왔다. 많은 사람이 이 책을 통해 희망적인 루틴과 습관을 체질화해 살아가는 보람을 느끼고 목표한 바를 이루는 행복한 삶을 살기를 바란다.

—— 농협중앙회 前 회장
**원철희**

살아가면서 힘든 일을 직면할 때 포기하지 않고 일어서는 사람이 있다. 필자는 슬럼프에 빠지지 않고 일상을 유지하는 방법과 최고의 에너지와 최상의 컨디션을 유지하는 원동력이 루틴이라는 사실을 체험을 통해 알려준다. 오래전 같은 사무실에서 근무한 선배로서 필자는 언제나 긍정적인 사고와 밝은 에너지를 유지했고 열정을 가지고 살았다. 밝고 긍정적인 에너지를 가지고 열정적으로 살고 싶은가? 그렇다면 이 책을 읽어라! 그렇게 되리라 믿어 의심치 않는다.

— 농협중앙회 前 지점장 퇴직동인

**한영우**

◆◆◆

8,000m가 넘는 히말라야 촐라체를 목숨과 바꾸어 등반한 나도 처음에는 뒷동산에 올라야 했다. 그다음 순서는 한라산을 등반했고, 그다음에는 3,000m, 그다음은 5,000m를 등반해야 히말라야를 등반할 수 있다. 누구든지 정상의 목표를 달성하기 위해서는 아주 작은 것부터 시작해야 한다. 그러한 노력이 축적되어야 큰 목표를 달성할 수 있다. 히말라야를 정복한 나도 그러했다. 첫발을 내딛어라. 성공할 것이다. 필자는 생활 속에서 체험한 이 모든 것을 책으로 표현했다. 독자들의 성공을 기원한다.

— 히말라야 촐라체, K2 등정

산악인 **박정헌** 대표

'시작이 반이다'라는 오랜 격언이 있다. 시작은 반이지만 나머지 반은 생활 속의 '루틴'으로 채워가야 목표에 다다를 수 있을 것이다. 필자는 독자들이 달성하고 싶어 하는 목표 달성을 운동과 취미, 생활과 일에서 어떻게 달성해야 할지 '루틴'을 통해 직접 체험하고, 실천하는 과정을 담담하고 진솔하게 이 책에 담고 있다. 이 책을 읽기 시작함으로써 독자 여러분은 이미 성공의 절반을 달성한 것이다. 이제 이 책을 통해 삶의 루틴을 만들고 실천하기만 한다면, 여러분의 목표를 가장 확실하게 달성하게 될 것이다.

— 단국대학교 응용연극센터
**장은아** 대표

◆◆◆

중년 이후의 건강을 지키는 데 제일 중요한 것은 '꾸준함'이다. 놀랍게도, 작가는 이것을 10여 년 전부터 루틴으로 행하고 있고, 그 경험을 생생한 필체로 알려주고 있다. 한국인의 평균수명이 여성 90.7세, 남성 86.3세로 집계되었다고 발표했지만, 많은 사람이 노년의 10년은 병원에서 보낸다고 한다. 루틴의 시작은 운동에서 출발한다는 필자의 경험을 받아들이고, 이 책의 독자들에게 '루틴의 기적'이 일어나길 바란다.

— 대화당 한의원
**이은주** 원장

# 어떻게 하면 행복한 삶을 살 수 있을 것인가?

행복의 조건에는 여러 가지가 있지만 그중 한 가지가 계획한 일을 잘 이루어가는 것이다. 계획한 일을 잘 이루어가기 위한 방법은 매일의 일상을 루틴화해야 한다.

운동을 예로 들어보자. 일정한 운동은 단순히 몸을 건강하게 만드는 것 이상으로 개인의 정신건강에 좋다. 매일 일정한 시간의 독서도 정신 수양과 자기 계발에 도움을 준다. 목표한 것을 달성하는 과정은 돈을 많이 버는 것 이상으로 행복을 가져다주는 일이다.

마라톤을 해보았는가? 마라톤을 해보지 않은 사람은 왜 사서 고생하냐고 물을 수 있다. 하지만 1km를 달려본 사람은 조금이나마 이해할 것이다. 10km를 달려본 사람은 더욱 잘 이해할 것이며, 하프 마라톤을 달려본 사람은 마라톤 풀코스 42.195km가 얼마나 위대하고 통쾌한 일인가를 몸으로 깨달을 것이다.

헬스장에서 근력운동을 해보았는가? 앉았다 일어섰다 10회만 해도 힘들고 하기 싫어진다. 내 몸이 이렇게 약할 수 있단 말인가? 10kg 아령 10회만 들었다 놓았다 해보면 팔이 힘들다. 누구나 아는 내용이지만 실제로 실행하면 피부 속 깊이 느낄 수 있다. 하지만 하루, 이틀이 지나고 1개월이 지나면 훨씬 쉬워질 것이다. 운동하는 것에 익숙해지기 때문이다.

새벽 5시에 일어나 본 적이 있는가? 매우 힘든 일이다. 하지만 알람을 맞춰놓고 잠이 든다면 눈은 떠지기 마련이다. 그다음 순서도 쉽지 않다. 눈을 뜬 즉시 바로 일어나 운동을 하거나 다른 일을 시작하면 하루의 일과로 연결된다. 하지만 다시 눈을 감거나 스마트폰을 본다면 일찍 일어난 의미가 없어지게 된다.

이러한 모든 행위는 처음에는 어렵다. 하지만 하루, 이틀 점점 일상화되고 루틴화하게 되면 매우 쉽게 실천할 수 있게 된다. 어려운 것을 쉽게 하는 방법은 오로지 반복하고 루틴화하는 것이다. 그러나 모두가 아는 방법이지만 실천하기는 쉽지 않다.

필자는 운동을 시작한 지 8년이 지났다. 처음에는 얼마나 유지할 수 있을지 의심하면서 시작했지만, 3개월이 지나니 익숙해졌다. 모든 행위는 적응하고 익숙해지기까지 3개월이 필요하다. 즉, 100일이 지나야 몸에 익숙해진다. 무게 60kg을 들기 위해서는 10kg을 먼저 들어야 하고 20kg을 들어야 한다. 모든 일은 익숙해지기까지 걸리는 시간, 루틴이라는 작업을 거쳐야 한다. 목표한 바를 이루기 위해서는 단계와 진화 과정을 거쳐야 한다. 마라톤 풀코스는 42.195km가 아니다. 풀코스 단한 번을 달리기 위해서는 수개월 수년 동안 계속해서 달린 수천km의 결과물이다.

인생에서 성공하기 위한 최고의 방법은 루틴화해서 자기 것으로 만드는 것이다. 루틴화하기 위해서는 수없이 많은 노력과 피땀이 필요하다. 하지만 어렵지 않다. 마라톤 풀코스를 성공하기 위해서는 러닝화를 신는 것부터 시작하면 된다. 그리고 반바지와 반팔 운동복만 입고 밖으로 나가면 된다. 시작이 반이다. 이 글을 읽는 독자들은 운동화를 신고 달리기를 바란다. 어떠한 목표라도 아주 작은 것부터 시작하면 된다. 책 1권 읽기 어려운 시대지만, 오늘 1페이지만이라도 시작하면 된다. 하루 10분만 투자하면 한 달이면 책 1권을 읽을 수 있다.

성공하고 싶은가? 루틴화해서 몸에 익숙하게 되면 성공에 다가갈 수 있다. 지금부터 달리면 된다. 100일만 견뎌라. 성공이 여러분을 기다리고 있다. 이 책이 독자들의 삶의 변화와 지혜의 원천이 되기를 바란다.

오늘도 해운대에서 태평양을 향해 달리고 있는

**허철희**

# 차례

PART

1

# 루틴의 시작은 운동이다

PART

1

루틴의 시작은
운동이다

# 루틴의 시작은 운동이다

"행복은 강도가 아니라 빈도다."

행복의 권위자 서은국 교수가 말했다. 공감 가는 말이다.

우리는 로또에 당첨되기 위해 매주 토요일 저녁을 기다린다. 하지만 대부분의 사람들이 실패하고 또다시 로또에 당첨되기 위해 유명한 복권 판매점에서 줄을 서고 있다. 나 역시 과거에 좋은 꿈을 꾸고 로또를 사서 5만 원에 당첨된 적이 있다. 그리고 5만 원어치 로또를 구입한 뒤 결국 꽝이 되었다. 이렇듯 일확천금을 얻기 위해 우리는 매주 1만 원을 투자한다. 만약 10억 원에 당첨되었다면 얼마나 기쁠까? 경험은 해보지 않았지만 매우 좋을 것이다. 하지만 기쁨은 얼마나 갈까? 예상하건 대 한 달이면 행복감은 없어질 것이다.

행복은 아주 작은 곳에서 온다. 어떤 행사의 행운권 추첨에서 당첨되었을 때, 경품이 아주 사소한 물건이라도 사람들은 매우 기뻐한다. 1만 원 경품이든, 10억 원 로또든 기쁨과 행복감의 길이는 그리 차이가 없다. 하지만 자기가 계획하고 노력한 일들을 달성했을 때의 행복감과 자부심은 오랫동안 지속된다. 성취감도 강도보다는 빈도다.

많은 사람들이 매년 초 버킷리스트를 작성한다. 몸무게 10kg 줄이기, 매일 운동 1시간 하기, 영어 공부하기, 한 달에 책 2권 읽기 등 많은 일을 계획하지만, 대부분 작심삼일로 오래가지 못하는 것이 대부분이다.

## 작심삼일을 이기는 세 가지 비결

계획에 성공하기 위해서는 어떻게 해야 할까?

### 첫 번째, 작은 것부터 시작하라.

성취감을 얻기 위한 탁월한 방법이다. 아무것도 하지 않고 오직 계획한 일만 하면 큰 계획도 달성할 수 있지만, 우리에게는 일상생활이 기다리고 있다. 그렇기에 하루 24시간을 쪼개어 사용해야 한다.

러닝을 하기 위해서는 먼저 운동화를 착용해야 한다. 운동화를 착용하면 일단 성공했다고 할 수 있다. 다음 순서는 가볍게 걷거나 뛰는 것이다. 걷다 보면 뛰고 싶고, 뛰다 보면 오늘보다 더 길게 뛰고 싶어진다.

하루의 작은 목표가 완성되면 아주 작은 성취감이 몰려올 것이다.

운동하면서 땀을 흘려보았는가? 땀을 많이 흘리면 기분이 상쾌하고 즐거워지며 뿌듯함이 몰려온다. 매일 0.1%만 나아져도 엄청난 변화가 일어나게 된다. 마라톤 42.195km는 단순히 풀코스가 아니다. 몇 개월, 몇 년을 매일같이 1km, 2km를 연습해 달린 결과물이다.

### 두 번째, 100일을 지속하라.

습관이 인간의 몸에 자리 잡기까지는 최소한의 시간이 필요하다. 그 소요 기간이 3개월이다. 어떤 방법을 사용하든지 100일을 견디면 성공 확률이 높아진다. 인간의 몸은 과학적으로 창조되었다. 어떤 일이든지 3개월이 지나면 익숙해지고, 이후에는 탄력을 받아 정신이 몸을 지배하는 것이 아니라 몸이 몸을 지배한다. 이 작업을 3개월간 지속하면 운동을 하지 않을 수 없고, 더 높은 차원의 목표를 향해 도전하게 된다.

미국 NBA 역사상 가장 성공한 팀이었던 샌안토니오 스퍼스는 라커 룸에 덴마크 출신 미국 사회개혁가 야콥 리스(Jacob Riis)의 말을 걸어두었다.

"세상이 나를 외면했다고 여겨질 때 석공을 찾아간다. 석공이 100번 망치를 내려치기까지 돌은 꼼짝도 하지 않지만, 101번째 내리칠 때 돌이 둘로 갈라진다. 나는 그 마지막 타격으로 돌이 갈라진 게 아님을 알고 있다. 그것은 그전에 계속 내리친 일들의 결과다."

마라톤이나 돌을 조각하는 석공이나 원리는 똑같다. 작은 물줄기가 모여 냇가를 이루듯 아주 작은 행동으로 시작해 위대한 일을 이룩하게 된다. 마라톤도 42.195km 풀코스는 단 한 번에 이루어진 결과물이 아니고, 수없이 연습하고 달린 수백km, 수천km의 결과물이다. 헬스장에서 열심히 운동하는 근육맨들의 근육도 하루아침에 만들어진 것이 아니다. 석공이 101번째 내리치기 전 수없이 많이 내리친 결과로 돌이 갈라졌듯이, 습관이 될 때까지 참고 견뎌야 한다. 100일만 견디면 생각지도 못한 습관이 몸속에 자리 잡을 것이다.

### 세 번째, 리듬을 타야 한다.

리듬을 타면 인생이 즐거워진다.

"인생에는 독특한 리듬이 있다. 우리는 이 리듬의 아름다움을 깨달아야 한다."

중국의 소설가이자 문명비평가인 린위탕(林語堂)의 말이다.

리듬은 흐름이나 움직임이다. 흥겨운 음악은 사람들을 춤추게 한다. 왜 그럴까? 흥겨운 음악 속에 리듬이 포함되어 있기 때문이다. 리듬은 사람의 뇌 속에 규칙을 제공함으로써 균형을 맞추게 하는 놀라운 힘이 존재한다. 이것이 사람을 즐겁게 하는 요소다.

운동을 오랫동안, 그리고 힘차게 할 수 있는 비법이 무엇일까? 필자의 경험은 독자 여러분들에게 몸짱이 될 수 있는 비법을 누설할 것이다. 비밀은 운동하면서 리듬을 타는 것이다. 필자는 8년 전 뱃살이 나와 운동을 시작했다. 러닝머신에서 뛰는 운동은 단순하다. 하지만 최소 40분 이상을 지속해야만 효과가 있기 때문에 결코 쉬운 운동은 아니다.

운동을 시작한 지 2개월이 지났을 때였다. 어느 순간 운동 중에 경쾌한 음악이 흘러나왔다. 취향에 맞는 음악이어서 그런지 매우 힘차게 음악에 맞춰 뛸 수 있었다. 음악에 맞춰 운동의 리듬을 발견한 것이다. 리듬의 원리를 처음으로 깨닫는 엄청난 순간이었다. 평소 30분간 러닝머신에서 하는 운동 시간은 힘겨운 과정이었지만, 그 순간은 달랐다. 마음에 자신감과 즐거움이 넘쳤고 다리에 힘이 생겼다. 이 순간은 잊을 수 없는 순간이며, 나에게 인생을 살아가는 노하우가 되었다.

사람을 대면할 때 자신감이 넘쳤고, 실패하거나 잘못되는 일이 있어도 칠전팔기(七顚八起)의 정신이 필자의 마음에 생겼다. 얼굴은 자연히 표정이 밝아졌고 대인관계는 물론, '인생은 참 즐거운 것'이라고 생각하게 되었다.

음악 리듬을 타니 운동이 즐거워졌고, 뱃살이 충만하던 필자의 몸은 탄탄한 몸으로 서서히 변하기 시작했으며, 무엇보다도 마음과 멘탈이 한층 더 강해졌다. 이것이 리듬의 본질과 위력이다. 리듬은 모든 곳에 존재한다. 리듬을 타는 것은 인생을 즐겁게 만드는 가장 핵심적인 비밀이다.

▲ 해운대 송정 러닝 모습

## 2

# 운동복에 투자하라

2015년, 운동을 처음 시작할 때 유명 메이커 스포츠매장에 가서 운동복과 운동화를 구입한 적이 있다. 태어나서 세트로 운동복과 운동화를 구입한 적은 없었던 것 같다.

아이들을 위한 장난감이나 옷 등 가족을 위한 물건 구입은 일상적으로 하지만, 직장 생활을 위한 옷이나 구두 등을 제외하고 나 자신을 위해 무엇인가를 구입한 경우는 없었던 것 같다. 돈이 없어서라기보다는 나 자신을 위해서 무엇인가를 구입한다는 것이 왠지 사치스러운 느낌이 들어 나 자신만을 위해서 스포츠용품을 구입한다는 것이 꽤 어색했다. 그런데 2015년 5월 8일, 운동을 해야겠다는 생각에 꽤 많은 돈을 주고 운동복과 운동화를 구입하고 헬스장에 등록했다.

그때 이후로 운동 인생이 시작되었다. 현재 나는 9년째 운동을 하고 있다. 그간 보이지 않지만 많은 변화가 일어났다.

대부분의 5060세대들은 어렸을 때 어려운 시절을 보냈기 때문에 쉽사리 자신을 위해 무엇인가를 투자하기가 쉽지 않다. 하지만 생각을 바꿔라. 운동복에 투자하는 것은 여러분에게 기쁨과 즐거움을 줄 것이다.

## 자신에게 투자하라! 가족과 인류를 위한 것이다!

최근 작은 외삼촌 댁에 오랜만에 방문해서 외삼촌을 찾아뵈었다. 70대 후반의 외삼촌께서는 당뇨에 뇌출혈이 겹쳐 거동하기가 어려우셔서 집에만 계셨다. 외숙모께서 병간호하시느라 고생이 많으셨다. 외삼촌을 보고 조금이라도 젊었을 때 운동을 하고, 몸에 좋은 음식을 섭취하며, 건강한 삶을 살아야겠다고 생각하게 되었다.

질병이 자신에게 찾아오기를 기다리는 사람은 아무도 없지만 나이가 들게 되면 원하든 원하지 않든, 인간에게는 질병과 노환이 찾아오게 마련이다. 돈은 많이 없더라도 질병이 발생하지 않기 위해 노력해야 한다. 우리는 아프지 않고 살기를 바라는 마음으로 '9988234(99세까지 팔팔하게 2, 3일 아프다가 저세상으로 가자)'라는 표현을 사용하며, 건강한 삶을 살자고 이야기한다.

하지만 현실은 녹록하지 않다. 돈이나 생계를 위해 건강을 저버리는 삶을 선택하는 경우도 많다. 하지만 사람이 먼저다. 아무리 많은 돈이 있어도 건강하지 않으면 의미가 없다. 누구나 아는 상식이지만, 누구나 쉽게 실천하기는 어렵다.

모든 5060세대들에게 말하고 싶다. 아니 모든 세상 사람들에게 이야기하고 싶다.

"건강하게 살고 싶다면 운동복에 투자하라."

필자는 운동을 시작한 지 2~3개월 지났을 때, 몸에 근육이 붙어나고 운동에 재미를 붙이게 되면서 주변에 있는 모든 사람에게 운동 전도사가 되어 외치고 다녔다.

"운동하라! 그리하면 너희에게 건강과 행복이 함께할지어다" 하고 《성경》 말씀처럼 외치고 다녔다.

값비싼 운동복과 운동화를 구입하라는 뜻은 아니다. 운동을 시작하고 싶다면 운동화 끈부터 매어야 한다. 시작이 반이다. 절약하는 것은 좋으나 자신에게 투자해서 건강한 삶을 이루는 것은 더욱 중요하다.

건강한 육체는 건강한 정신을 만들고, 건강한 정신은 건강한 가정과 기업을 만든다. 아울러 건강한 육체는 건강한 민족을 만들고, 건강한 인류를 만든다. 출발점은 건강한 정신과 육체다. 자신에게 투자하라. 그리고 달려라. 자신을 만들어라. 세계적인 마라토너인 킵초게(Eliud Kipchoge)가 되어라. 건강이 여러분을 기다리고 있을 것이다.

▲ 필자와 함께 한 운동화

# 3

# 헬스장에 가는 것은
# 운동의 반(半)이다

운동을 잘하는 사람은 어떤 사람일까? 태어날 때부터 운동에 재능이 있어 잘하는 경우도 있겠지만, 우연히 누군가의 권유에 의해서 또는 세계적인 스포츠 스타의 영향으로 운동을 잘하게 되는 경우도 있다. 하지만 직업적으로 유명한 스포츠 스타가 아니라 건강을 위해서 하거나 취미로 운동을 하는 사람들은 우연한 기회에 마음을 먹고 운동을 시작한다.

2015년 5월 8일은 필자가 운동을 시작한 날이다. 지금은 운동을 시작한 지 9년째에 접어든다. 필자가 운동하게 된 계기는 순전히 뱃살 때문이었다. 금융기관에 근무하다 보니 야근이 잦고, 야근할 때마다 자장면이나 짬뽕 같은 중국 음식을 자주 먹고 일했다. 그러다 보니 몸은 비

대해지고 뱃살이 점점 충만해졌다. 양복을 사러 양복점에 가서 바지 치수를 재어보니 필자가 생각한 것보다 훨씬 허리 사이즈가 늘어 있었다. 부끄러웠다. 양복점 사장님이 입가에 미소를 지으시는데, 마치 내 허리가 굵다고 말씀하시는 것 같았다.

직장인 대부분이 그러하다. 나이가 들어감에 따라 신진대사 작용이 급격히 떨어지고, 운동마저 제대로 하지 않으니 허리 사이즈가 늘 수밖에 없을 것이다. 술과 담배를 하지 않았던 필자도 허리가 넓어지는 것은 피할 수가 없었다. 하지만 걱정은 되는데 운동을 하지는 못했다. 그러다 우연한 기회에 헬스장에 등록했다. 3개월 치를 한꺼번에 등록하면 조금 저렴하지만, 매월 헬스 요금을 지불했다. 돈은 비싸도 나 자신과의 약속을 지키고 싶었기 때문이다.

▲ 헬스장에서 운동하는 모습

# 운동복을 착용하는 것은 운동 시작에 대한 다짐이다

운동복과 운동화를 구입하고 운동 첫날 간단한 안내를 받고 운동을 시작했다. 요즘 흔히 받는 PT(personal tranning)도 받지 않고 어깨너머로 옆 사람이 하는 모습을 보고 운동을 시작했다. 처음에는 근력운동으로 시작했다. 직장에서 업무를 마치면 집으로 가기 전에 헬스장을 먼저 갔다. 어떠한 일이 있어도 헬스장 출석은 빠뜨리지 않아야겠다고 나 자신과 약속했다. 시간이 없을 때는 샤워만이라도 하고 갔다. 저녁에 운동할 시간이 안 되면 아침 일찍, 회사에 출근하기 전에 헬스장에 가서 짧게라도 운동을 하고 출근했다.

하지만 직장인에게는 직장이 우선이다. 업무를 소홀히 하고 개인적인 일을 우선시할 수는 없다. 그렇지만 틈틈이 짬을 내서 3개월간 운동하니 운동은 생활의 일부가 되어 있었다. 근력운동을 하다 보니 어깨에 근육이 생기기 시작했다. 몸에 변화가 일어나니 자신감이 생겼고, 주변 지인들에게는 운동 전도사가 되어 운동의 필요성을 알리고 다녔다. 그러나 생각보다 주변 사람들은 운동에 시큰둥했다.

운동은 남이 외친다고 하는 것이 아니라, '자신이 운동의 필요성을 깨달았을 때' 시작하게 된다는 것을 느끼게 되었다. 그 이후로는 운동을 하라고 외치지 않고 내가 하는 모습을 보여주기만 했다.

새해가 되면 버킷리스트를 작성한다. 대부분 사람들의 버킷리스트 첫 번째가 '운동하기', 두 번째가 '영어 공부하기', 세 번째가 '독서하기'일 것이다. 그러나 작심삼일, 회사의 야근이 나를 반기고, 친구들이 나를 기다리며, 회식이 예정되어 있고, 피곤이 나를 사랑해서 헬스장은 점점 멀어지게 된다.

'운동해야지' 하고 다짐하지만, 시간은 점점 가고, 어느새 벌써 12월이 된다. '올해는 못 했지만, 내년에는 꼭 운동해야지' 하고, 또다시 헬스장에 가서 1년 치 이용대금을 결제한다. 헬스장에 운동화가 보관되어 있으니 헬스장 관계자로부터 운동화를 빼라는 문자가 온다. 또다시 이 생활이 반복되고, 자신감이 떨어지게 된다.

우리는 헬스장에 등록하기 전에 거대한 꿈을 꾼다. '식스팩을 만들고, 몸무게를 10kg 줄이고, 허리 사이즈를 3인치 줄일 것이다'라는 원대한 목표를 세우고는 3일만 운동하고, 여러 가지 이유로 헬스장에 가지 못하게 된다.

## 운동은 쉽고 재미있고 변화가 있어야 한다

운동을 계속하기 위해서는 운동이 자기에게 쉬워야 하고, 재미있어야 하며, 몸과 마음의 변화가 있어야 한다.

처음부터 높은 목표를 세울 필요가 없다. 먼저 '헬스장에 매일 가는 것'이 중요하다. 일단 가게 되면 어떤 운동이라도 하게 될 것이다. 헬스장에 가기 싫을 때마다 꾹 참고 가보라. 그럼 성공한 것이다. 샤워만이라도 하고 가라. 그렇게 하다 보면 운동하게 되고, 작은 근력운동이라도 하게 된다. '죽으면 죽으리라', '죽더라도 헬스장에서 죽으리라'는 마음가짐으로 자신과 싸우게 되면 분명 성공할 것이라고 100% 장담한다.

헬스장에 가는 것이 익숙해지면 그때부터는 운동기구에 익숙해져야 하고, 다음 과정은 체형을 변하게 만들고, 지구력을 길러야 한다. 그 이후는 걱정할 필요가 없다. 그때부터는 헬스장에 가지 말라고 말려도, 여러분들은 어느새 여러분도 모르게 헬스장에서 운동하고 있을 것이다.

윈스턴 처칠(Winston Churchil)은 말했다.
"비관론자는 모든 기회에서 어려움을 찾아내고, 낙관론자는 모든 어려움에서 기회를 찾아낸다."

다시 말하면, 성공자는 "그럼에도 불구하고 했다"라고 말하지만, 실패자는 "무엇 때문에 못했다"라고 변명한다.

우리는 '그럼에도 불구하고' 해냈다고 말하는 낙관론자의 마인드를 가져야 한다. 운동을 꾸준히 하다 보면 생활 태도가 밝아진다. 엄청난 장점이다. 돈을 주고도 살 수 없는 것이 '마음가짐과 태도'다. 이러한 밝고 힘찬 태도는 좋은 에너지를 주변 사람에게 전파시켜 밝은 기운이 넘치게 하는 숨은 조력자가 된다.

20대 초반에 혈혈단신으로 미국으로 건너가 성공한 미군 예비역 소령 서진규 모녀가 유재석과 조세호가 진행하는 〈유 퀴즈 온 더 블럭〉에 출연했다. 딸 조성아 예비역 대령이 클로징 멘트로 한 말이 생각난다.

"The cup is half full."

컵에 물이 반이 담겨 있는데 어떤 사람은 물이 반밖에 담겨 있지 않다고 생각하고, 어떤 사람은 컵에 물이 반이나 담겨 있다고 생각한다. 모든 것은 생각하기 나름이다. 성공과 실패는 태도와 관점이다.

히틀러(Adolf Hitler)의 나치 시대에 폴란드 죽음의 수용소에서 죽을 고비를 넘기고 살아남은 오스트리아 출신 유대인 의사 빅터 프랭클(Viktor Frankl)은 그의 저서 《죽음의 수용소》에서 이렇게 말했다.

"인간이 어떠한 상황에 놓이더라도 인간의 '태도'를 제외하고 인간으로부터 모든 것을 빼앗아갈 수 있다."

이 말이 뜻하는 것은, 히틀러 시대 나치는 인간의 모든 물질적이고 보이는 것은 모두 빼앗아갈 수 있었지만, 인간의 마음속에 있는 태도,

생각, 마음가짐만은 빼앗아갈 수 없었다는 것이다. 그래서 폴란드 아우슈비츠 죽음의 수용소에서 살아야겠다는 1%의 태도와 마음가짐이 그를 살리게 한 원동력이 되었다.

우리는 인생을 살면서 힘든 상황에 많이 부딪히게 된다. 그때마다 1%의 가능성만 있다면 도전하고 노력해서 성취하고 극복해야 할 것이다.

# 4

# 새벽을 깨우는 것은
# 루틴의 기본이다

새벽 4시 30분, 알람 소리에 자동으로 일어나 집 근처에 있는 체육공원으로 쉬지 않고 뛰어간다. 체육공원까지의 길이 오르막길이라 숨이 차 쉬면서 가고 싶은 충동이 일어나지만 참고 뛰어갔다. 체육공원 정상에서 바라고 원하는 것을 우주를 향해 큰 목소리로 외치고, 집으로 돌아와 여름과 겨울을 가리지 않고 냉수샤워를 했다. 그리고 아침 일찍 영어 회화 학원에 가는 것이 30년 전 군 복무를 마치고 행한 학창 시절의 아침 루틴이었다.

지금 생각하면 쉽게 행하지 못할 루틴이다. 젊기에 할 수 있었던 것 같다. 하지만 냉수마찰과 같은 극한의 행동은 하기 어렵지만, 큰 틀에서 새벽을 깨우며 운동을 하고 목표를 향해 달려가는 루틴은 그때와 다르지 않다.

새벽은 여러 가지 의미가 있다. 새벽이 모든 것을 해결하는 만능 해결 방법은 아니다. 누군가에게는 저녁이 아침보다 더 효과가 더 좋을 수 있고, 직업상 저녁에 활동하기 때문에 저녁 시간이 더 효율적일 수 있다. 하지만 대체로 직장인이나 보통의 사람에게는 저녁 시간보다 아침 시간이 변수가 없다. 새벽을 활용하라! 성공이 여러분을 기다리고 있다!

새벽은 세 가지 의미를 가져다준다.

### 첫 번째, 시간을 멈추게 한다.

새벽의 1시간은 낮 시간이나 밤 시간의 2시간과 맞먹는다. 왜냐하면 집중도가 높아지고 그 누구에게도, 무엇에게도 방해받지 않는다. 교통, 사람, 환경 등 어떠한 것에도 방해받지 않으며, 오로지 자신과의 싸움에서 이기면 된다. 이 얼마나 성공 확률이 높아지는 게임인가?

기업에서는 집중 업무 시간이 있다. 보통 오전 9시에서 12시까지인데, 오후에는 전화 또는 사람 대면이 많기 때문에 오전 시간에 전화나 기타 요소에 방해받지 않고 집중해서 업무를 처리하는 것을 말한다. 야근이 많은 부서는 낮에 전화나 방문객들의 미팅에 많은 시간이 소요되기 때문이다.

개인이 소속된 직장에서, 사적인 시간을 확보하는 것은 불가능에 가깝다. 그래서 무엇인가를 하기 위해서는, 시간을 만드는 방법밖에 없다. 흘러가는 대로 살면 환경에 지배받을 수밖에 없다. 우리의 인생이 환경에 의해 지배받기만 한다면 얼마나 억울한가? 운명을 거스를 수는 없지만, 우리가 할 수 있는 범위 안에서 우리의 삶을 살아간다면 얼마나 행복한 인생인가?

새벽을 깨우는 것은 쉽지 않다. 하지만 몸에 익숙하게 되는 기간인 3개월, 즉 100일만 해보면, 그 이후로는 쉽게 실천할 수 있다. 정신이 육체를 지배하는 것이 아니라, 몸이 기억해서 일찍 일어나게 되고, 힘들지 않게 된다. 한번 해보라! 뿌듯함이 독자 여러분을 기다리고 있을 것이다. 시간을 멈추게 하는 것이 아니라, 주어진 하루 24시간이 48시간처럼 느껴질 것이다.

### 두 번째, 목표를 달성하게 한다.

새벽에 계획한 일을 하면 저녁에 변수가 발생해도 50%는 목표를 달성한 것이다. 우리는 최고의 상태를 가정하는 경향이 있다. 하지만 현실은 최악의 상황이 더 자주 발생한다. 그래서 우리는 최악의 경우를 가정하면서 준비해야 한다. 저녁에는 많은 변수가 발생하기 때문이다. 친구들이 기다리고, 술자리가 우리를 반기며, 야근이 우리를 보고 싶어한다. 그리고 피곤이 우리를 사랑해서 이불 속으로 끌어당긴다. 조금 더 눕고 싶고, 조금 더 편하고 싶은 것이 인간의 본능이기 때문이다.

건강을 위해서나 살을 빼기 위해 독하게 마음먹은 사람들은 열심히 운동한다. 목표한 바가 있기 때문에 열심히 운동한다. 열심히 하다 보면 아주 작은 목표가 달성되고, 작은 목표가 달성되면 지금까지의 성공을 깨뜨리지 않기 위해 더욱더 열심히 하게 된다. 다시 말해, 잘하면 더 잘되는 선순환이 일어나게 된다. 그래서 목표를 달성하기 위해서는 오직 앞만 보고 가야 한다. 어떠한 유혹도 뿌리치고 직진해야 한다.

### 세 번째, 자신감을 가지게 한다.

아주 작은 목표라도 달성하게 되면 첫 번째로 다가오는 선물은 뿌듯함에서 오는 자신감이다. 나의 마음속에 행복감이 쌓인다. 이것은 자신감이다. 자신감이 생기면 주변 사람을 대하는 표정이 밝아진다. 입가에는 미소가 지어지고, 걸음걸이는 힘이 넘치며, 누가 보더라도 긍정의 아이콘으로 보이게 된다. 이것이 목표를 달성한 사람의 심리상태이며, 새벽을 깨우는 이유다.

# 마라톤!
# 어려운 것 아니다

마라톤 대회에 지원해서 달려본 경험이 있는가? 대회 시작 전에 사회자가 분위기를 띄우는 멘트와 함께 참석자의 파이팅 넘치는 대화 소리, 달림이들의 가족과 달리기 동호회 크루들의 응원 소리 등 마라톤 대회는 그야말로 축제의 장이다. 사회자의 카운트다운 소리와 함께 엘리트 부문부터 출발해서 풀코스, 하프코스, 10km, 5km 순으로 출발한다.

분위기는 실력과 반비례한다. 엘리트 부문은 국제적 선수들로 구성되고 인원도 극소수다. 풀코스는 각종 마라톤 동호회 상위 아마추어 선수들이며, 매우 빠른 속도의 마라토너들로 구성된다. 상위급 선수들은 전쟁터에 임하는 태도로 비장하지만, 5km 마라톤에 참석하는 마라토너들은 아빠가 아기를 목마에 태워 걷기도 하고, 배낭 메고 소풍 가듯 산책하는 축제 같은 분위기다. 마라톤을 할 때는 현장의 힘, 즉 대회 현장 분위기로 실력이 조금 상승되기도 한다. 평소 속도보다 빠른 속도와 덜 지치는 몸 상태가 되어 평소 연습할 때보다 컨디션이 좋다.

필자 역시 처음에는 피트니스센터에서 근력운동과 함께 러닝머신으로 시작했다. 하지만 러닝머신은 오랫동안 달리기에는 한계가 있어 야외로 나가 달리기 시작했다. 필자는 우리나라의 천년고도 경주에서 달리기를 시작했다. 직장 발령지가 경주, 그것도 대한민국 최고의 문화유적지인 경주 보문단지에서 5년 동안 근무했다.

보문단지 내 보문호수는 러닝을 하기에 최고의 입지 조건을 가지고 있으며 한 바퀴가 7km다. 그래서 한 바퀴를 도는 데 꽤 많은 시간이 소요되었고, 발목이 아파 통증이 있기도 했다. 하지만 하루, 이틀 지나고 계속해서 달리다 보니 발목 통증도 사라지게 되었다. 러닝을 시작하고 얼마 되지 않은 시점에는 한 바퀴 도는 것조차 어려웠다. 계속 반복해서 러닝을 했다. 뛰는 중간중간에 몸이 지쳐 쉬고 싶은 욕망이 솟구치기도 했으나 꾹 참고 달리니, 달리면서 생기는 힘든 점도 조금씩 극복하게 되었다. 이제는 7km 한 바퀴 러닝하는 것이 일상이 되어 뛰지 않으면 허전할 정도다. 규칙적으로 러닝을 하다 보니 매년 봄에 개최하는 벚꽃 마라톤 10km 부문에 참석하게 되었는데, 생애 처음 참석해서 59분 54초의 기록으로 완주하게 되었다. 러닝머신에서 출발해서 이제는 10km를 달리는 러너가 된 것이다.

▲ 2019년 10km 첫 마라톤에서 아들과 함께

▲ 하프 마라톤

# 생각지도 못한 코로나19, 그럼에도 불구하고 마라톤!

보문호수를 달린 지 1년이 지난 후 세계적 팬데믹인 코로나19가 유행하기 시작했다. 그럼에도 불구하고 아침 루틴의 조깅은 변함없이 계속되었다. 모든 모임과 행사는 중단되었고, 마라톤 대회도 코로나19로 인해 취소되었다. 하지만 코로나19 범유행 2년 차인 2021년에는 개별적으로 달린 후 인증샷을 보내서 인증하는 언택트 마라톤이 유행했다. 그렇게 나는 언택트 마라톤 대회에 참석하고 이후, 최소 1년에 1회 이상은 참석하게 되었다.

아침에 운동하지 못하는 경우에는 저녁에라도 시간을 내어 운동 루틴을 지키려고 노력했다. 루틴을 지키니 멘탈이 강해지고 체력이 점차 향상되었다. 10km를 달리다 보니 이제는 하프 마라톤에 욕심이 나기 시작했다. 달리다 보니 보다 높은 목표를 향해 나도 모르게 뛰고 있었다.

생애 최초 하프 마라톤에 참석해서 생각보다 쉽지 않았으나 힘겹게 완주하게 되었을 때의 기분은 이루 말할 수 없었다. 하프 마라톤 완주 메달을 달고 기념 촬영을 하니 더욱 높은 목표가 생겼다. 그렇게 운동이라는 루틴은 더욱 습관처럼 지키게 되었다.

처음에는 직장에서 책상에 앉아 일만 하고 운동을 하지 않아 몸도 마음도 무거웠으나 운동 루틴이 정착된 후에는 심리적 멘탈과 육체적 건강이 활기차게 변해갔다. 처음부터 마라톤 풀코스를 달릴 수는 없다. 처음에는 운동화 끈부터 매야 한다. 그다음 순서는 걷고, 그다음 순서는 천천히 달리고, 그다음 순서는 조금 더 많이 달리고, 그다음에 속도를 조금 더 높여 더 많은 거리를 달리는 것이다.

처음에는 러닝머신을 달리고 점차 마라톤 풀코스을 향해 달리는 것이다. 마라톤, 어렵지 않다. 마라톤 대회에 참석해서 달리다 보면 70대로 보이는 어르신들도 가끔 보인다. 그 모습을 보고 더욱더 열심히 살아야겠다는 다짐을 하게 된다. 어르신 마라토너의 속도는 빠르지 않다. 하지만 꾸준한 속도로 변함없이 42.195km를 달리는 어르신들의 모습은 나에게 많은 감동을 준다.

마라톤, 어렵게 생각하지 마라. 우리 모두 성공할 수 있다. 생각만 하지 말고 달려보기를 바란다. 달리기 시작하면 답이 오게 된다. 이론보다 몸으로 부딪혀보기를 바란다. 처음에는 실패하더라도 달리다 보면 여러분들에게 엄청난 선물이 기다리고 있을 것이다.

▲ 풀코스 마라톤 도전

# 6

# 런던에서도 달린다

2018년, 결혼 20주년 기념으로 여름휴가에 가족들과 유럽 4개국을 여행했다. 가족들 모두가 함께 멀리 가는 여행은 처음이었다. 4인 가족이 같이 가기 때문에 준비물이 많았고 경비도 혼자 가는 여행보다 많이 들었다. 직항으로 가도 비행시간이 12시간은 걸리기 때문에 비행기 안에서 두 끼의 식사를 했다. 움직이지도 않고 식사를 하다 보니 소화도 잘 안 되는 것 같았다. 태어나서 유럽은 처음이었다. 영국에 도착한 후 짐을 풀고 1일 차 저녁을 보냈다. 영국의 런던은 고전과 현대가 어우러진 곳이었다.

숙소에 도착하자마자 체크인을 하고 제일 처음 알아본 것이 헬스장이었다. 다행히 호텔에 헬스장이 있어 다음 날 아침 일찍 헬스장에 가서 러닝머신과 운동기구들을 테스트했다. 아침 일찍이라 사람들이 많지 않았지만, 러닝머신 위를 달리고 있다 보니 외국인들이 하나둘씩 들어와 운동하기 시작했다.

가족들은 외국까지 와서 꼭 운동을 해야 하냐고 만류했지만, 아침 일찍 일어나 운동하는 것이 루틴이 된 필자에게는 자연스러운 현상이었다. 외국에서 운동하는 것은 나름 재미있었고, 새로운 세계에서 운동하니 기분도 좋았다. 운동하는 아침 루틴은 외국이라고 해서 변하지 않았다.

▲ 런던 호텔 헬스장에서

## 서유럽 여행은 실미도급(級) 여행이다

8박 10일의 서유럽 여행은 강행군 그 자체였다. 이동 거리가 멀어 새벽 5시 전후로 기상해서 출발했다. 그야말로 실미도급 여행이었다. 패키지로 갔기 때문에 식사 수준은 과장해서 표현하면, 목숨 연명 수준일 정도로 높지 않았다.

런던 명소 탐방 후 기차로 해저터널을 통해 파리로 이동했다. 해저터널이라고 해서 바닷속이 훤히 보일 줄 알았는데 육지의 터널처럼 깜깜한 상태의 연속이었다. 파리에 도착한 후 숙소에 짐을 풀고 파리의 야경을 보기 위해 센강(Seine River)에 유람선을 타고 파리의 상징을 보았다. 멀리서 에펠탑이 보이기 시작했는데 밤의 에펠탑은 '멋짐 뿜뿜'을 발산하며 관광객들의 탄성을 자아냈다. 에펠탑에서 진행되는 불빛 쇼는 환상 그 자체였다. 그런데 웬일인가? 모두가 멋진 광경을 보면서 탄성을 자아내는데, 필자는 시차가 맞지 않아 졸음이 몰려와 그 멋진 광경을 졸면서 제대로 보지 못했다. 억울했지만 어쩔 도리가 없었다.

## 알프스 융프라우(Jungfrau)에 오르다

알프스의 첫인상은 산속의 호수가 가슴을 두근거리게 했다. 알프스를 오르는 감성 열차는 산속의 아름다운 호수를 바라보면서 올라갔고, TV에서나 보았던 푸르른 초원과 삼각형 집들이 내려다보였다. 가슴속에서 감탄사가 저절로 흘러나왔다. 그렇게 드디어 융프라우에 올랐다. 꼭대기가 4,158m 높이의 산이지만 사람들이 설경을 볼 수 있는 곳은 3,500m 지점이었는데, 태어나서 산 전체가 설경으로 덮인 광경은 처음이었다. 우리나라 컵라면도 팔고 있었는데, 라면이 5,000원, 물이 5,000원이었다. 물을 공급받기가 어려워서 물값이 비싸다고 했다. 알프스의 설경을 바라보면서 먹은 라면은 지금도 기억될 정도로 맛이 일품이었다.

## 역사의 한 페이지 콜로세움을 밟다

유럽의 역사 유적지는 가는 곳마다 줄을 오랫동안 서서 기다려야 했다. 역사적인 콜로세움 현장은 2시간가량 기다려서야 볼 수 있었다. 콜로세움을 보면서 '로마 시대 사람들이 이러한 건축물을 짓는 데 엄청난 고생을 했으며, 그분들이 있었기에 현재의 이탈리아가 세계적인 관광지가 되어 후손들이 찾아오는 문화 공간이 되었구나!' 하는 생각이 들었다.

콜로세움이나 다른 유적지를 만들 때 많은 사람이 다치거나 고생했을 것이고, 그러한 노력이 현재의 콜로세움을 만들었다는 사실은 누구도 부인하지 못할 것이다. 물론 당시에도 거대한 건물을 만드는 것에 반대한 사람들이 있었을 것이다. 하지만 콜로세움은 오랜 역사를 지닌 세계적인 건축물이 되었다. 현대인들도 건물을 만들 때 깊이 생각하고 연구해서 만들어야겠다고 생각해본다. 유럽의 건물들은 기본이 100년이고 200년 이상 지속된 것도 허다하다. 정말 미래를 생각하며 만들고 있었다.

## 바티칸 성베드로 성당을 방문하다

30만 명을 수용하는 성베드로 광장에는 오벨리스크와 성베드로 성당이 바티칸의 상징이 되어 나란히 서 있다. 오벨리스크는 바티칸을 상징하는 탑이 되어 바티칸에 오는 모든 관광객을 내려다보고 있었고, 성베드로 성당에 들어가니 웅장함이 가슴을 엄습해왔다. 미켈란젤로 (Michelangelo Buonarroti)에 의해 완성된 성베드로 성당은 예술을 뛰어넘어 경외감이 들었다. 건물 구석구석이 예술품이었고 돈으로 살 수 없는 미술품 그 자체였다. 우리나라는 유적지가 경주, 부여, 공주 등 대표적으로 몇 군데에 흩어져 있지만, 이탈리아는 국가 전체가 유적지였다. 형언할 수 없을 정도로 멋진 유적지와 미술품이었다.

결혼 20주년을 기념해서 가족과 함께한 여행은 아이들에게 많은 공부가 되었으며, 여행은 많이 할수록 좋겠다는 생각이 들었다. 가족과 함께한 여행이라 더욱 의미가 있었고, 자녀가 중학생 이상 정도가 된다면 역사 공부와 더불어 즐거운 여행이 되리라 생각하며 여기저기 여행 다니기를 추천한다.

# ⏱ 7

# 오래가려면 리듬을 타라

초등학교 시절, 음악 시간에 노래를 잘하려면 리듬(rhythm)을 맞춰야 한다고 교육받았다. 리듬의 정의는 '음의 장단이나 강약 따위가 반복될 때의 규칙적인 음의 흐름'이라고 한다. 장단은 가로의 흐름이고, 강약은 세로의 흐름이다. 가로와 세로의 규칙적인 흐름을 잘 맞추면 리듬을 잘 맞추게 된다. 정말 간단한 원리의 이론이다. 하지만 실제 몸으로 깨닫기까지는 시간이 많이 소요된다. 어쩌면 이론은 알지만, 몸으로 느끼지 못하고 끝날 수 있다. 음치는 이론에 대해서는 알지만, 몸이 깨닫지 못하기 때문에 일어나는 현상이다.

리듬의 원리를 깨닫게 되는 수단은 음악만이 아니다. 필자는 운동을 시작하게 되면서부터 러닝머신을 통해 리듬의 원리를 깨닫게 되었다.

유산소운동의 효과는 40분 이상 지속되어야 효과를 볼 수 있다고 한다. 하지만 러닝머신을 40분 이상 하기란 생각보다 쉽지 않다. 실외에서 달리는 것은 시각적으로 환경이 변하기 때문에 싫증 나지 않아 체력이 허락하는 한 오랫동안 달릴 수 있지만, 실내 러닝머신은 오랫동안 달리기에는 한계가 있다. 너무 지루하기 때문이다. 하지만 오랫동안 달릴 수 있는 엄청난 비법이 있다.

## 지구력을 높이는 비법

러닝머신을 오랫동안 달릴 수 있는 비법은 음악의 리듬을 운동에 접목하는 것이다. 러닝머신 위를 달릴 때 흘러나오는 음악을 달리기에 이용하면 된다. 음악의 리듬에 맞게 발을 움직이면 되는 것이다. 정말 위대한 발견이다. 이 원리를 발견한 후 며칠 동안 밥을 먹지 않아도 될 만큼 기뻤다. 세상을 모두 얻은 기분이었다. 러닝머신 위를 달릴 때, 마치 초능력을 얻은 것처럼 발걸음이 가벼웠고 힘찼다. 신이 나서 달리고 또 달렸다. 비에 흠뻑 젖은 것처럼 땀이 흘렀고 세상을 다 가진 것처럼 입가에는 미소가 지어졌다.

리듬의 원리를 발견한 후 더욱더 열심히 운동을 하게 되었고, "밥보다 운동이 먼저다"라는 원칙을 세울 정도로 규칙적으로 운동하기 시작했다. 그리고 리듬의 원리를 생각보다 많은 것에 적용할 수 있겠다는 생각이 들었다. 가장 큰 소득은 정신적 멘탈을 유지하는 데 있었다. 인간에게는 슬럼프 시기가 있다. 슬럼프에 빠지지 않기 위해서는 멘탈이 침체되지 않게 계속 평상심을 유지하는 것이다. 평상심을 유지하기 위해서는 멘탈을 잡아주어야 하며, 이 멘탈은 리듬에서 출발한다.

"동참하라, 시도하라" 그것이 리듬을 타는 비법이다.

예를 들어, 자기가 속한 부서에서 임무가 주어진다면, 주어진 임무에 동참하면 리듬을 타는 것이다. 여기에서의 리듬을 타는 것은 '주어진 임무나 업무에 동참'하는 것이다. 물론 동참하는 것 자체가 자신에게는 어려움과 시련이 될 수는 있다. 하지만 아무런 생각하지 말고 동참하면 리듬을 타는 것이다. 어렵게 생각할 필요가 없다. 나만 어려운 것이 아니다. 모두가 어렵고 힘들다.

학생에게는 공부가 임무라면 공부를 하면서 리듬을 타는 것이다. 직장인에게 주어진 임무가 있다면, 그 임무를 해결하는 데 동참하면 리듬을 타는 것이다. 작은 문제 하나에 동참하며 해결하려고 노력한다면 각각의 하나하나가 리듬을 타는 것이며, 이러한 작은 리듬이 모여 인생이라는 큰 리듬을 타게 된다.

인생의 작은 문제가 나타나면 회피하기보다는 정면 승부 해서 이기는 방법을 택해야 한다. 부딪혀 보라. 인생의 리듬을 타는 것이다. 운동을 할 때 리듬을 타면 오랫동안 계속해서 할 수 있듯이, 살면서 어려운 점이 나타난다면 리듬을 타고 구름이 달을 스치듯 부드럽게 지나가면 된다. 이러한 경험이 쌓이면 멘탈은 신(神)의 경지에 도달하고, 자신은 도인(道人)의 경지에 이르게 된다.

필자는 잠수(潛水) 타는 일이 별로 없다. 힘들고 어려운 일이 닥치면 리듬을 타듯이, 파도를 타듯이 올라갈 때 올라가면 되고, 내려갈 때 내려가면 되는 것이다. 이 얼마나 멋진 방법인가?

리듬을 타라! 그리하면 어려움이 극복될 것이다!

리듬의 원리를 그림으로 나타내면 다음과 같다.

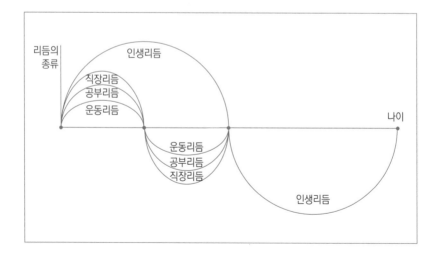

# 8

# 한라산 등반 한번 해봐!

4년 전, 불현듯 가보지 못한 명(明)산을 가고 싶은 생각이 들었다. 같이 근무하던 직원이 한라산을 등반했다고 해서 호기심이 발동했다. 혼자서 한라산을 등반했다고? 갑자기 필자의 마음속에 도전 정신이 생기면서 한라산 등반을 한번 해봐야겠다는 생각이 들었다. 한라산 등산을 경험한 직원에게 출발부터 교통편, 숙소, 등산코스 등 여러 가지 설명을 듣고, 12월 중순에 혼자 비행기를 제주도로 타고 날아갔다.

혼자 하는 여행은 두려움과 설렘이 공존한다. 하루 전날 비행기를 타고 숙소에서 묵은 후 새벽같이 어둠을 헤치고 성판악을 향해 출발했다. 생각보다 시간이 지체되어 겨우 9시에 출발점에 도착해서 출발했다. 전국에서 삼삼오오 꽤 많은 사람이 모여 한라산 백록담 정상에 오르기 위해 등산 출발점에 있었다. 눈이 쌓여 등산하기에 좋은 환경은 아니었지만, 생각보다 험한 코스는 아니어서 등산을 시작했다.

등산화에 가을 등산복을 입고, 아이젠도 없어 제주도에 사는 입사 동기에게 아이젠을 빌려서 등산했다. 아이젠 끈이 풀려 등산하는 것이 불편했다. 8~9시간 소요되는 코스라 아침 식사는 간단히 편의점에서 해결하고, 점심은 김밥 두 줄을 구입해 배낭에 넣었다.

출발선 안내판에서 정상까지의 노선 안내도를 보고 있는데, 사진 촬영을 부탁하는 분들이 있어 사진 촬영을 도와주고 파이팅까지 외쳐준 후, 셀카도 몇 장 찍은 후 등산을 시작했다. 초반 등산코스는 예상보다 평탄해 생각보다 쉬운 느낌이 들었다.

## 한라산 등산 중, 구세주 등산객과의 동행

출발 후 1시간 정도 지났을 때쯤 휴식 장소에서 쉬고 있는데, 혼자 등산하는 분이 계셔서 말동무 삼아 같이 등산하게 되었다. 공교롭게도 동행한 등산객은 같은 고향에서 온 분이었다. 외국에서 한국 사람 만난 것 같은 동질감이 생겨 이런저런 이야기를 하면서 동행했는데, 등산 경험이 꽤 있는 분이라 등산 속도가 여유가 있어 보였다. 등산 초보인 필자는 겉으로 드러내지 않으려고 노력하면서 끙끙대며 올라갔다. 역시 그분은 등산을 많이 해본 고수였다.

　등산뿐만 아니라 모든 것은 경험이 중요하다. 준비에서부터 복귀까지 준비사항, 주의사항 등 많은 준비가 필요하다. 그런데 필자는 사전 준비를 너무 안 하고 뒷동산에 올라가듯 왔기에 부끄러워졌다. 눈이 내린 한라산을 등반하려면 사전지식이 꼭 필요하다는 것을 느꼈다. 명산을 가게 되면 사진 촬영이 중요한데, 추운 겨울에는 스마트폰 배터리가 빨리 없어진다는 사실을 처음 알게 되었다. 동행한 등산객분이 사진 촬영까지 도와주었다.

　백록담 정상에 오르기 전에 대피소에서 간단히 점심 식사를 했는데, 필자가 준비한 김밥은 추위에 얼어붙어 있었다. 반대로 동행한 등산객분은 컵라면과 따뜻한 물을 보온병에 담아 김밥과 같이 먹었다. 소중한 컵라면 반을 필자에게 나누어주었는데, 그때의 라면 맛은 죽어도 잊을 수 없을 정도로 맛있었다. 지금도 추운 겨울에 라면을 보면 한라산 등산 때의 그 라면이 생각난다. 그때의 라면은 가격을 정할 수 없을 정도로 맛있고 따뜻했다.

　출발 후 얼마 되지 않아 스마트폰 배터리가 떨어진 필자의 핸드폰은 무용지물이었다. 동행한 등산객분이 필자의 사진까지 찍어주는 배려를 해주었다. 동행한 것이 아니라 보호를 받았다고 해야 할 정도로 많은 도움을 받았다. 백록담 정상이 얼마 남지 않은 지점부터는 출발선에서의 온도와는 전혀 달랐다. 극단적으로 표현하면 출발 지점이 열대 지방의 온도라면, 백록담 정상에서의 온도는 시베리아 벌판에서의 북풍한설에 비유할 정도로 온도가 낮았고 바람마저 세차게 불어 그야말로 피부가 노출된 곳은 동태가 되어 있었다. 입이 얼어 말도 잘 나오지 않았다.

정상의 백록담은 너무 아름다웠고, 눈으로 덮인 모습은 말로 표현할 수 없을 정도로 절경 그 자체였다. 백록담에서 기념 촬영을 하기 위해서는 40분 이상을 기다려야 했다. 사진 촬영을 위한 줄이 100m는 되어 보였다. 장시간 줄을 기다리고 사진 촬영을 하고 난 뒤 오를 때와는 반대 방향인 관음사 방향으로 하산하기 시작했다.

오를 때와 반대로 급경사로 이루어진 코스였다. 등산화가 약간 헐렁해 엄지발가락으로 무게가 실려 나중에 보니 엄지발가락에 피멍이 들어 있어 회복하는 데 시간이 많이 소요되었다. 내려갈 때의 한라산 설경은 정말 멋있었다. '한라산은 모든 계절에 다 가보라'는 말이 있는데 충분히 이해할 수 있었다. 겨울 한라산은 예쁘기도 하고 웅장하기도 하고, 한마디로 표현하기 어려울 정도로 아름다웠다.

숙소에서 아침 7시에 출발, 등산 출발선인 성판악에서 9시에 시작해 관음사 방향으로 내려와 하산하니 오후 5시가 넘었다. 순수 등산 시간이 장장 8시간 이상이 소요된 첫 한라산 등반은 구세주인 동행 등반객과 함께 아름다운 추억을 남기고 무사히 성공했다. 동행한 등산객에게 좋은 인연으로 많은 도움을 받은 것에 감사를 표하고 숙소로 돌아왔다.

▲ 한라산에서

## 한라산 등산이 준 의미

첫 한라산 등산은 나에게 많은 것을 가르쳐주었다. 사전 준비를 철저히 해야 한다는 것을 깨달았고, 인생은 혼자라도 혼자가 아니라는 것을 배웠다. 인생을 흔히 여행에 비유하며, 맨몸으로 왔다가 맨몸으로 간다고 한다. 맞는 말이다. 너무 소유에 집착할 필요는 없다. 단지 육체를 가지고 살아 있는 동안 잘 살아가면 되는 것이다. 살아가기에 불편함이 없을 정도만 소유하면 된다.

중요한 것은 자기가 정한 가치의 실현이다. 그 가치를 위해서 열심히 노력하고 몸부림치면 되는 것이다. 여행을 하면 자기가 모르는 세계를 접하기 때문에 두려움이 앞선다. 하지만 부딪히면서 배우는 것이 많다. 그리고 새로운 미지의 장소와 사람도 만나게 된다. 아름다운 미지의 세계를 탐방하면 자신감도 생기고, 자신에게 숨어 있는 잠재 능력(potential power)도 많이 있다는 것을 깨닫게 된다.

왜 돈을 들여서 사서 고생하냐고 말한다면, 이 세상에 왜 태어났냐고 질문하는 것과 같다. 기회가 된다면 '미지의 세계에 도전하고 경험하라'고 말하고 싶다. 아니, 기회가 없어도 기회를 만들어 도전하고 경험하자. 백 세 인생이다. 앞으로 많은 것을 경험해보자.

한라산 등반은 지리산 등반을 도전하게 했고, 지리산 등반은 설악산 등반으로 이어졌다. 시간이 갈수록 새로운 도전으로 자신의 한계를 시험하고, 그렇게 전국에 있는 명산에 도전하게 해서 내 한계를 극복하고, 보다 높은 단계로 도약하는 자기 점검의 시간이 되었다.

등산 자체는 아무것도 아닐 수 있다. 하지만 이러한 도전을 통해서 나 자신을 새로운 관점에서 보게 되고, 육체적 한계와 정신적 한계를 극복하는 체험을 통해 보이지 않는 정신세계를 한층 발전하게 한다.

경험하라, 새로운 세계를! 도약하라, 자신의 한계를! 멋진 세계가 기다리고 있다!

▲ 지리산에서

# 9

# 15시간 설악산 공룡능선에 도전하다

새벽 3시 속초 어느 한 찜질방에서 잠깐 자고 일어났다. 전날 부산에서 달려와 밤 12시에 도착했기 때문에 수면을 제대로 취하지 못한 상태였다. 설악산에는 여행으로 몇 번 왔지만, 등산을 위한 방문은 처음이었다. 설악산 입구에 있는 소공원에서 출발 후 1시간 지났을 때 비선대에 도착했다. 비선대까지는 평탄한 길이었기 때문에 별 어려움 없이 등산을 시작했다. 설악산에 동행한 지인은 설악산뿐만 아니라 대한민국의 모든 명산의 등산 경험이 있는 등산 고수였다. 등산 초보인 필자를 배려해 천천히 보조를 맞춰 산행했다. 6월 하순 초여름이라 날씨는 좋았지만 24도의 기온이었기에 등반객들에게는 조금 더운 날씨였다. 등산이 시작되자마자 땀방울이 흘러내리기 시작했다.

등산 초보인 필자는 설악산에 대한 정보가 많이 없었기에 설악산 공룡능선이 얼마나 힘든 산행코스인지 비선대가 보이기 시작하면서 실감하기 시작했다. 비선대가 나타나자마자 그 이후로는 오르막길의 연속이었다. 평탄한 길이 보이지 않았다. 마라톤에 단련된 필자도 평탄한 길이 없는 공룡능선 코스는 시작부터 힘에 부치기 시작했다. 마라톤 근육과 등산 근육은 전혀 달랐다.

첫 목적지는 금광굴이었는데, 금광굴까지는 길이 없는 곳을 철계단으로 만들어놓았기 때문에 험난했다. 아차 하면 낭떠러지에 떨어질 것 같이 다리가 후들거렸다. 쉬지 않고 3~4시간의 오르막길을 산행하니 두 번째 목적지로 보이는 마등봉이 나타났다. 흘러내리는 땀은 몸 전체를 적신지 오래였다. 가져간 수건은 손으로 쥐어짜면 물이 나올 정도로 이미 많은 땀을 닦은 상태였다.

출발 장소인 소공원에서 새벽 4시에 출발해 마등봉에 도착하니 12시 무렵이 되었다. 전체 코스에서 50%도 지나지 않았는데 몸은 만신창이가 되어 있었고, '내가 왜 여기 왔지?' 하는 후회의 시간이 이어졌다.

마등봉을 지나니 이제부터는 공룡능선이 시작되었다. 멀리서 보이는 공룡능선이 너무 조그맣게 보여 귀엽기까지 했다. 하지만 가까이서 보는 봉우리는 웅장함 그 자체였으며, 봉우리를 오를 때마다 자연의 위대함을 느낄 정도로 험난했다. 4개의 봉우리 중 1개의 봉우리를 넘어갈 때 소요 시간은 1시간 이상이 걸렸다.

나한봉, 큰새봉, 1275봉, 신선봉. 자연의 걸작품이 이루 말할 수 없을 정도로 절경이었다. 정신없는 산행은 설악산 공룡능선의 절경을 감상하기에는 역부족이었지만, 등산 초보의 눈에도 아름다운 절경은 어디에 비길 데가 없었다.

◀ 설악산에서

## 산을 정복하는 것은 한계에 부딪힌 자신을 다시 일으키게 한다

4개의 봉우리를 통과할 때마다 코스 난이도는 군대에서 실시하는 유격훈련 이상으로 느껴졌으며, 일반 산행이 아니라 암벽등반처럼 줄 하나를 잡고 암벽을 오르내리는 난코스였다. 낭떠러지 아래로 떨어지면 사고로 이어질 것 같은 생각도 들었다. 공룡능선 중간에 조난사고가 일어나 구조헬기가 낙상한 등산객을 태워 가는 모습도 보였다. 산행이 진행될수록 '이건 아니다' 싶을 정도로 험난했지만, 여성들도 공룡능선을 산행하는 모습을 보니, 남자로서 체면이 말이 아니라고 생각되어 참고 계속 산행했다. 이쯤 되면 돌아갈 수도 없고 오직 진행만 있을 뿐이었다.

동행한 등산 고수가 아니었다면 물을 얼마나 준비해야 하는지도 몰랐고, 전투식량 먹는 방법도 몰랐다. 내리막길로 접어드는 길이 보였다. 내리막길은 오르막길보다 걷는 것은 쉬웠지만, 무릎에 부담이 가기 시작했다. 후반부에 접어드니 거의 무의식 상태로 걷는 느낌이었다. 산행을 시작해서 마치고 돌아오는 데 총 15시간 48분이 걸렸다. 태어난 이후로 등산을 15시간을 해본 것은 처음이었고, 다시는 할 수 없을 것 같은 생각이 들었지만, 공룡능선 등산을 완주하니 스스로에게 뿌듯했다. 새벽 4시에 출발해 저녁 8시가 넘어 도착한 공룡능선 산행, 몸은 파김치가 되어 있었지만, 저녁 식사로 속초에서 유명한 물회를 먹고 기나긴 산행을 마쳤다.

▲ 설악산 공룡능선

## 등산은 한계에 부딪힌 자신을 극복하고 차원을 높일 기회다

　등산의 의미는 무엇일까? 사람마다 다르겠지만 필자에게 등산은 자신이 한계에 부딪힐 때 돌파구를 마련하는 기회라고 생각한다. 아마 누군가에게 등산은 체력을 증진시키는 과정이 될 것이고, 다른 누군가에게는 즐거움 그 자체일 수도 있다. 산행의 목적은 개인에 따라서 다양하지만, 열심히 살고 열정을 바칠 수 있는 곳이라는 것은 분명하다. 산악인 박정헌은 히말라야 촐라체 정상을 정복하고 내려오면서 죽음에 직면해 손가락이 동상에 걸려 절단하는 아픔을 겪었다. 등산에 대해서 잘 모르는 사람은 '왜 사서 고생하느냐?'라고 묻지만, 산을 사랑하는 산악인에게는 산이 그의 고향이고 집이다.

죽음을 무릅쓰고 산을 오르는 이유가 있을 것이다. 필자는 1년에 한두 번 명산에 오른다. 삶의 변화가 없거나, 열정에 불타올라 한계를 극복하고 싶을 때 산을 오른다. 그리고 그것이 계기가 되어 한 차원 높이 올라간다.

산을 정복하라! 뒷동산이라도 좋다. 무엇인가가 자신을 다시 일으키게 할 것이다.

▲ 설악산 등산코스

# (10)

# 건강은 모든 활동의
# 합(合)이다

건강은 규칙적 운동, 올바른 정신, 생활 습관 등이 모두 합쳐진 상태를 말한다. 한 가지만 잘한다고 건강하게 되는 것은 아니다. 대부분의 사람이 직장 생활을 하게 되면 본인의 의사와 관계없이 음주와 흡연의 환경에 놓이게 된다.

물론 음주와 흡연을 하지 않는다고 건강을 보장할 수 없다. 규칙적인 운동을 하지 않으면 이 또한 건강을 보장할 수 없기 때문이다. 식생활 습관은 건강에 큰 영향을 미친다. 간식을 지나치게 많이 먹는다거나, 편중되게 음식을 섭취하는 경우도 건강에 좋지 않다. 지나치게 짜거나 매운 음식을 먹는 경우에도 마찬가지다. 먹는 속도가 너무 빠른 것도 건강에 좋지 않다. 식습관은 어느 것 하나 쉬운 것이 없다. 생활 습관은 두말할 나위 없이 중요하다. 아침형 인간이냐, 올빼미형 인간이냐에 따라서 건강에 미치는 영향이 크게 다르다.

올바른 정신을 유지하는 것은 건강을 지키는 요소 중 가장 중요하다. 규칙적 운동이든, 식습관이든, 생활방식 등 모든 건강과 관련된 습관들은 정신에서 출발한다. 즉, 어떠한 경우에도 긍정적인 마음가짐을 가지고 있다면 다른 요소들이 다소 부족하더라도 다시 일어설 수 있는 힘이 생긴다.

올바른 정신을 유지하기 위해서는 자신과의 싸움에서 늘 우위를 지켜야 한다. 항상 경건한 마음과 흐트러지지 않는 자세를 가져야 한다. 평정심과 인내력을 유지해야 하는 힘든 과정이지만 누구나 할 수 있는 것들이다. 올바른 정신을 유지하기 위해서는 끊임없이 자기 수양을 해야 한다. 인간은 환경의 영향을 많이 받기 때문에 항상 좋은 환경에 자신을 접하게 하는 것이 좋다. 신이라면 어떠한 환경에서도 평정심을 유지할 수 있지만, 인간은 나약하기에 항상 위험에 노출되어 있다. 가능하면 좋은 환경에 자신을 접하게 하라.

건강을 유지하기는 쉽지 않다. 오히려 산속에서 도를 닦는 스님보다 더 어렵다고 할 수 있다. 왜냐하면 보통의 사람은 건강을 유지하기 어려운 환경에 노출되어 있기 때문이다. 그럼에도 불구하고 건강은 지켜야 한다. 체질화하면 어렵지 않다. 3개월만 버텨라. 틀림없이 체질화될 것이다. 먹는 것도, 운동하는 것도, 생활 패턴도 모두 자기 하기에 달렸다. 3개월 동안만 체질화하면 누구에게나 건강이라는 선물이 찾아갈 것이다.

PART

2

성공의 열쇠는
루틴 만들기

# 1

# 10%의 법칙

학창 시절, 영어 공부를 하고 있을 때다. 영어 공부의 원리와 인생 성공의 원리를 가르쳐주신 영어 강사님의 한마디가 있었다.

"넘치게 하라."

임계량에 대한 말씀이었다. 물컵에 물을 부을 때 100%까지는 넘치지 않지만, 물컵에 가득 담기는 시점인 100% 지점에 도달하면 물이 넘치게 된다. 그 100% 지점 이후로 물을 붓는 순간, 물은 계속해서 넘칠 것이다. 영어 듣기 공부도 마찬가지다. 귀가 뚫리기 전까지는 아무리 영어 문장을 많이 들어도 들리지 않는다. 대부분의 사람들이 100% 이하에서 중도 포기하고 만다. 지금까지 공부한 노력이 물거품이 되고 만다.

귀가 뚫리는 것은 수많은 듣기를 시도하고 노력한 끝에 얻어지는 하늘의 선물이다. 하루아침에 이루어진 것이 아니라 수없이 많이 듣고 말하고, 공부한 노력의 결과물이다. 그래서 100% 지점에 멈추지 말고 10%만 더 노력하자는 마음으로 200%, 300%까지, 노력하면 성공에 이를 수 있다.

이 엄청난 깨달음이 나의 영어 실력을 높이게 만든 원동력이 되었다. 유레카! 모든 것을 할 때 딱 맞게 하지 말고, 조금 넘치게 여유 있게 하라는 것이다. 즉, '부족하게 하지 말고 요구하는 것보다 더 많이 해서 안정권으로 여유 있게 하라'는 말씀이었다. 인생을 살아가면서 삶의 기준점이 되고 뼈를 때리는 인상적인 한마디였다. '코리안 타임'이라는 용어가 있다. 이것은 우리나라 미 군정기 시절, 약속에 자주 지각하는 한국인을 보며 미국인들이 지어낸 단어다.

근대 서양과 동양의 문화적 역사적 차이 때문에 이런 말이 생겨났다. 서양에서는 24시간제에 분(分)과 초(秒)라는 개념이 이미 있었고, 국내에서는 12간지 시간을 따랐다. 예컨대 '미시(未時)'라고 하면 오후 1~3시 사이로 꽤 넓은 시간대에 해당한다. 이런 식의 느긋한 생활문화는 시계 보급이 적고, 사회 생활 자체가 빡빡하지 않은 전근대 지역에서는 흔한 일이었다.

과거에는 문화적 차이 때문에 약속 시간에 대한 개념이 희박해 자주 지각하고 늦었다면, 지금은 그렇지 않다. 우리나라는 어느 국가보다도 디지털 문명이 발달한 나라다. 살아가면서 많은 변수에 직면한다. 12시에 약속 시간을 잡았다면 교통체증이나 예상하지 못한 일이 발생할 경우를 대비해 최소 20~30분 미리 준비한다면 이러한 변수에 대비할 수 있다. 살아가면서 이러한 일들은 많이 일어날 수 있다.

10%를 더 많이 확보하라! 성공을 위한 확실한 방법이다.

공부도 마찬가지다. 커트라인에 맞춰서 공부한다면 합격에 실패할 확률이 높다. 하지만 10%만 더 많이 한다면 안정권에 합격할 가능성이 더욱 커진다. 약속 시간에 맞춰 준비하는 것이 아니라 10% 일찍 출발한다면 늦어질 확률이 현저히 줄게 된다. 근육을 단련하기 위해서는 목표량의 10%를 더할 때 근육이 키워지고 성장하게 된다. 마라톤도 마찬가지다. 어제보다 100m를 더 많이 달리고 오늘보다 1,000m를 더 많이 달리면 그만큼 실력이 향상하게 된다. 이 얼마나 기적 같은 10%의 비밀인가. 10%의 법칙을 적용할 수 있는 것은 너무도 많다. "지피지기 백전불태(知彼知己百戰不殆)"라는 《손자병법》에 나오는 격언도 '10%의 법칙'에 해당한다.

'10%만 더하는 것', '10분 일찍 출근하는 것'이 쉬운 일일까? 사실 매우 어렵다고 말할 수 있다. 왜냐하면 자신만의 생활 습관이 있기 때문이다. 하지만 10분, 아니 1시간 빨리 출근하는 방법이 있다. 그것은 원하는 시간을 정하고 100일만 견디면 된다는 것이다. 8시 30분까지 출근해야 한다면 10분 일찍 출근하기 위해서 10분 일찍 일어나거나, 빠른 속도로 준비한다면 10분 일찍 여유를 가지고 출근할 수 있다.

직장에서 10분은 많은 것을 할 수 있다. 여유를 가지고 하루의 목표를 계획하고 실행할 수 있으며, 주변 동료들에게 좋은 이미지를 심어 줄 수 있다. 아침 시간 10분 이른 출근은 엄청난 파급효과를 가지고 온다. 직장 내에서 어떠한 임무가 주어졌을 때 조금 빨리 시작할 수 있는 여유가 있다. 초반의 10분은 결과적으로 승리의 원동력이 된다. 100m 달리기에서 0.1초만 빨리 출발해도 금메달을 목에 걸 수 있는 확률이 높아지게 된다.

토머스 칼라일(Thomas Carlyle)이 말했다.

"길을 가다가 돌이 나타나면 약자는 그것을 걸림돌이라고 말하고 강자는 그것을 디딤돌이라고 말한다."

우리의 생애는 어려움과 두려움의 연속이다. 왜냐하면 가지 않은 길이 대부분이기 때문이다. 걸림돌이든 디딤돌이든 발을 내디디면 되는 것이다. 초반에는 그것이 안갯속에서 헤매는 것 같이 보여도, 지나고 나면 찬란한 태양이 우리를 기다리고 있을 것이다.

## 2

# 저녁보다 아침을 택하라

우리는 일어나서 잠들 때까지 많은 일에 직면한다. 계획한 일들이 순탄하게 잘 진행되는 때도 있지만, 예상치 못했던 돌발 상황이 많이 일어난다. 특히 직장인들에게는 각종 모임과 예상치 못한 업무가 주어지기도 한다. 갑작스러운 만남과 술자리와 회식이 생기기도 하고 직장 및 지인들의 경조사가 일어나기도 한다. 가정에서 누군가 아프기도 하고 부모님과 아이들을 돌봐야 하는 경우도 발생한다. 이런저런 이유로 연초에 계획한 일들이 점차 연기되거나 중도 포기의 순간이 오기도 한다.

이런 일들이 발생되지 않기를 바라는 마음으로 살아야 하겠지만, 인간사는 갑작스러운 일들이 일어나기 마련이다. 이러한 일들은 대부분 저녁에 일어나기 때문에 계획한 일들과 겹친다. 그렇게 되면 계획한 일은 수포가 되고, 또다시 내년을 기약하거나 포기의 순간에 접어들어야 한다. 단 한 번뿐인 인생을 장애물 때문에 포기하게 된다면 얼마나 억울하겠는가?

변수를 없애기 위해서는 새벽이나 아침에 계획한 일들을 진행해야 한다. 조금 일찍 일어나 운동이나 공부 등 계획한 일들을 한다면 방해받을 장애물이 없어진다. 힘든 일임이 틀림없다. 하지만 우리에게는 비장의 무기가 있다. 다름 아닌 루틴을 만드는 것이다. 처음부터 무리해서 할 필요는 없다. 새벽 6시부터 시작하면 된다. 어렵지 않은 시간이다. 이렇게 하다가 익숙해지면 조금씩 시간을 당겨 5시에 일어나거나 그보다 더 일찍 일어나 자신의 한계를 시험해보면 된다.

아침은 저녁보다 장애물이 없다. 단지 자신과의 싸움에서 이기면 되는 것이다. 얼마나 쉬운 방법인가? 장애물이 없으면 땅 짚고 헤엄치기라고 할 수 있다. 잘되면 눈덩이 효과로 더 잘되는 것이다. 잘되는 것은 한계가 없다. 어떠한 루틴이 정착단계에 들어가면 우리의 일상이 되고, 일상이 되면 전문가가 되는 것이다. 우리는 일반인보다 전문가를 원한다.

마키아벨리(Machiavelli)는 "세상에서 가장 무서운 것은 가난도 걱정도 병도 아니다. 그것은 생각에 대한 권태다"라고 했다. 생각이나 태도가 얼마나 인생을 살아가는 데 중요하다는 것은 이를 두고 한 말이다.

## 하고자 하는 열정은 하늘이 내린 축복이다

어떠한 분야나 일에 대한 열정, 긍정적 태도, 하고 싶은 마음과 같은 것은 하늘이 준 축복이다. 수동적으로 하는 일은 힘들지만, 적극적인 행동은 즐거운 마음을 가지고 쉽게 할 수 있게 해준다. 예를 들면 운동이 그렇다. 무거운 기구를 들었다 놓았다 하는 행위는 일로 생각하면 노동으로 생각되지만, 몸을 건강하게 만드는 운동이라고 생각한다면 한없이 즐거우며, 힘들더라도 참고 견딜 수 있게 된다. 이것이 관점을 바라보는 태도이며 인생을 살아가는 지혜다.

성전을 건축하는 경우의 예를 들어보자. 건축을 대하는 태도에서 첫 번째 벽돌공은 일을 생계를 위한 경제적 수단으로 생각하고, 두 번째 벽돌공은 명예를 높이는 수단으로 생각하고, 세 번째 벽돌공에게는 소명이라고 생각해 기쁨과 즐거움으로 일한다. 과연 누구의 손에서 걸작품이 만들어질 것인가? 삼척동자도 알 것이다. 소명감을 가지고 기쁨과 즐거움으로 일하는 사람에게는 열정이 함께 할 것이고, 그 열정은 곧 보람과 성공으로 연결된다.

## 아침에 하라. 불변의 진리이며, 성공에 다가가는 확실한 방법이다.

새벽에 일어나 고속도로의 바람을 가르며 여행을 떠나 본 경험이 있는가? 그 기분은 경험해보지 못한 사람은 알지 못할 것이다. 누구나 학창 시절 도서관에 가서 공부해본 경험이 있을 것이다. 늦게 일어나 아침 식사를 하고 출발한다면 도서관에 자리가 없는 경우가 많으며, 자리를 잡고 공부한다고 해도 조금밖에 하지 못한 경험이 있을 것이다. 매우 불쾌한 하루가 될 것이며 찝찝함을 느낄 것이다.

새벽이나 아침에 계획한 일들을 한다면 성공에 다가가고 실패할 확률이 현저히 줄어든다. 새벽 5시 알람을 맞춰놓고 일어난 후, 러닝을 하면 그 자체가 기쁨과 뿌듯함이 되어준다. 비 오는 날 새벽 5시에 일어나 새벽을 달려본 적이 있다. 처음에는 보슬비 정도로 내렸지만 달리는 중간에 많은 비가 내렸다. 비가 안경에 부딪혀 앞이 제대로 보이지 않았지만 그럼에도 불구하고 비를 맞고 달렸다. 몸 전체가 비에 젖었지만, 오늘도 해냈다는 뿌듯함과 감개무량함은 이루 말할 수 없는 기쁨을 나에게 주었다.

▲ 비 오는 날 아침 해운대 러닝        ▲ 경주 보문호수 저녁 러닝

# 3

# 축제의 삶을 살 것인가?
# 숙제의 삶을 살 것인가?

55년을 살아보니 시간이 너무 빨리 지나갔다. 100년을 살아본 어르신들에게 여쭈어보면 100년도 쏜살같이 지나갔다고 말할 것이다. 우리의 인생은 그렇게 흘러간다. 삶이 힘들다면 어떤 사람에게는 매우 긴인생일 수도 있고, 무엇인가를 이루기 위해서 몸부림치는 사람에게는 짧은 인생일 수도 있다.

숙제는 의무이며 행하지 않으면 벌을 받는다. 반대로 축제는 기쁨이고 즐거움이다. 똑같은 시간이라 할지라도 삶의 태도에 따라 인생의 길이는 달라진다. 아침이 기다려지는 삶이 있다면 얼마나 행복한 삶일까? 아침이 기다려지면 축제 같은 삶이다. 어린 시절의 소풍 전날, 아이들의 기분은 하늘을 찌를 정도로 좋을 것이다. 누구나 그러한 경험이 있을 것이다. 그런데 어린 시절의 소풍 전야가 아니라 일상의 삶에서 아침이 기다려진다면 하늘이 내린 축복의 삶이라 할 수 있다.

## 아침이 기다려지기 위해서는 어떠한 태도로 살아야 할까?

### 첫 번째, 좋아하는 것을 만들어라.

좋아하는 것을 어렸을 때부터 발견한다면 인생에서 성공할 확률이 매우 높다. 하지만 대부분의 사람은 발견하지 못하고 여러 가지를 시도하다가 늦은 나이에 발견하기도 하고 결국 발견하지 못한 채, 주어진 운명대로 살아가기도 한다. 최근에 축구선수 이강인이 2007년 4월에 참여했던 어린이 축구 유망주 프로그램인 〈날아라 슛돌이〉라는 프로그램을 유튜브로 보게 되었다. 그 프로그램을 보고 난 후 지금의 이강인 선수와 비교해보니 그가 어린 시절, 축구를 잘하는 것은 물론 축구를 매우 좋아하고 사랑하는 어린이였다는 것이 화면을 통해 느껴졌다.

좋아하면 어떤 분야든지 성공할 확률이 높아진다. 하지만 이렇게 어린 시절부터 무엇인가를 좋아하고 푹 빠져 몰입하는 경우가 흔하지 않은 것이 사실이다. 선천적으로 자연스럽게 좋아하게 되는 경우도 있지만, 누군가의 권유로 하게 되거나, 환경에 의해 접하는 경우도 많다. 공부, 스포츠, 예술 등 여러 분야에 걸쳐 개인의 개성에 따라 달라질 수 있다.

75세의 나이에 허리 협착증을 앓다가 헬스를 시작하게 된 임종소 어르신! 그는 건강을 위해 시작하게 된 헬스 운동을 열심히 하다 보니 트레이너의 권유로 피트니스 대회에 나가 2019년 2위에 입상하게 되었다. 운동을 할 수 없는 상황이었으나 건강을 위해 시작했던 운동이 건강은 물론이고, 아름다운 몸을 만드는 단계에 이르렀다. 정말 감탄을 자아내게 하는 위대한 이야기다.

현재 임종소 님은 우리나라 나이로 80세이며 계속해서 운동해 2023년 보디 피트니스 시니어부 대회에서 우승을 차지했다. 처음부터 운동을 좋아해서 시작한 것이 아닌, 몸이 아파 시작한 운동이 어느새 좋아하는 단계가 되었다. 좋아지게 되면 양이 자연스럽게 늘어나고, 다음 단계로 목표를 향해 몰입하게 되며, 결국 한 분야의 전문가로 변하게 된다. 정말 드라마 같은 이야기가 아닐 수 없다.

### 두 번째, 하는 일이 즐거워야 한다.

자기가 하는 일이 좋아지게 되면 몰입하게 되고, 몰입하게 되면 자기도 모르게 투자하는 시간이 늘어난다. 하지만 좋아하는 일이 아니라도 하다 보면 좋아지게 되는 경우도 흔히 발생한다. 대부분의 직장인이 그러하다. 어떠한 조직에서든 한 분야에 오랫동안 근무하게 되면 통(通)이라는 표현을 쓰곤 한다. 국제통, 재무통, 여신통 등 한 분야의 전문가에게 붙이는 단어라고 할 수 있다. 전문가들도 처음에는 병아리 시절을 겪는다. 병아리에서 닭이 되기까지 많은 시행착오를 거치고 난 후 전문가의 반열에 오른다. 전문가의 위치에 오르면 이제 즐기는 단계가 된다. 명성과 함께 여러 가지 이로움을 주는 재미있는 인생을 살게 된다.

필자가 교육원에서 교수로 근무할 때다. 수백 명의 복지 담당직원을 대상으로 하는 강의가 예정되어 있었다. 강의가 감동적이 되기 위해서는 말 한마디, 한마디가 자신감에 넘쳐야 하고 제스처(gesture)까지 정확하게 준비되어야 하며, 군데군데 유머와 게임 등을 가미해 강의해야 하기에 밤을 새워 강의를 준비했던 기억이 있다. 보다 더 좋은 강의를 위해 철저히 준비해야겠다는 일념으로 나도 모르게 밤을 새운 것이다. 아침에 날이 밝아 샤워하고 옷을 갈아입고 아침을 맞이했던 기억이 난다.

무사히 강의를 마치고 본부 인재개발 담당 부서 직원 두 분이 교육원으로 출장 오게 되어 강의하는 모습을 참관 후 기차역까지 필자가 배웅하게 되었다. 가는 길에는 이야기도 하면서 가서 잠이 오지 않았는데, 돌아오는 길에 전날 밤을 새워 강의 준비를 한지라 피로감이 몰려와 나도 모르게 갓길에 세워둔 자동차에 부딪히는 가벼운 사고가 있었다. 수리비가 꽤 들었지만, 최선을 다했기에 매우 뿌듯했다. 당시 동행한 직원들은 아직도 필자에게 접촉 사고가 있었는지도 모르고 있을 것이며, 영원히 나 혼자 간직할 에피소드가 되었다. 이런 경험을 통해서 좋아서 하는 일은 피곤한 줄도 모르고, 잠도 자지 않고 행하는 몰입의 순간이 도래하며, 즐거움의 단계까지 이르게 된다는 것을 피부로 체험했다.

### 세 번째, 목표를 만들어라.

아무리 좋고 즐거운 일이라도 같은 일이 반복되면 식상하게 된다. 주말마다 부산 송정 해수욕장에서 해운대 해수욕장까지 이어지는 해변 관광 열차 노선에는 기찻길을 따라 바다를 보면서 달릴 수 있는 5km의 산책길이 펼쳐져 있다. 정말 멋진 풍경이 아닐 수 없다. 이 산책길을 걷거나 달리는 그 자체가 행복이다. 평소에 왕복 10km의 러닝 코스를 달리면 땀이 흠뻑 젖어 있다.

그야말로 건강을 위해 달리는 일상의 러닝이지만, 5km를 달리다 보니, 10km를 달리고 싶은 마음이 생기고, 10km를 달리다 보니 하프 마라톤에 도전하고 싶은 욕망이 생겼다. 매년 4월 첫째 주에는 경주 벚꽃 마라톤이 개최되는데, 필자는 하프 마라톤 부문에 도전하게 되었다. 평소 10km만 달리다 보니 하프 마라톤을 완주하기가 쉽지 않았다. 죽을 힘을 다해 달려 가까스로 하프 마라톤을 완주하는 순간 발톱에 피멍이 들고, 몸은 제대로 가누지도 못할 정도로 만신창이였지만, 평생 기억될 감격스러운 날이 되었다.

목표가 생기면 개인의 정신상태가 바뀐다. 인간은 목표가 없으면 허술해지는 경향이 있다. 그만큼 목표가 중요하다. 목표가 생기면 정신상태가 바뀌고 행동에 변화가 일어나며 목숨을 걸고 하게 된다. 목표를 설정하고 삶의 변화가 일어나야 한다.

▲ 마라톤대회에서 받은 메달

세상이 재미있게 되면 축제가 되지만, 의무에 속박되면 인생이 고달 프게 되고, 구속된 숙제의 삶을 살 수밖에 없다. 축제와 숙제는 한 글 자만 다르나 삶의 질은 하늘과 땅 차이다. 즐거운 인생, 재미있는 인생, 아침이 기다려지는 인생, 그러한 인생을 살기 위해서는 우리는 목표를 설정하고, 좋아하는 것을 찾으며, 몸과 마음을 긍정적으로 변화시켜야 한다.

아침이 기다려지는 축제 같은 삶을 위해 끊임없이 생각의 변화를 시 도해야 한다.

## 4

# 활기찬 인사는
# 모두를 즐겁게 한다

군대에 자대배치 받았던 날, 처음으로 한 말은 관등 성명이었다. 군에서는 인사로 시작해 인사로 끝난다. 상황실에 용무가 있어 들어가려면 경례와 더불어 관등 성명을 대고 "용무 있어 왔습니다" 하고 외치며 들어간다. 어른들을 마주칠 때 "안녕하세요"라고 깍듯하게 인사하는 아이를 보면 어른들의 입가에는 미소가 절로 지어진다.

인사가 뭐길래 인사를 하면 기분이 좋아질까? 인사의 형태는 다양하지만, 사람에게 활력을 주는 것은 분명하다. 학생은 학교에서 선생님께 인사를 하고 수업을 시작한다. 직장에서는 출근하면서 인사하고 일을 시작한다. 인사는 혼자 하는 것이 아니라 서로에게 하는 것이다. 회사에 출근하면 보통 신규 직원 또는 입사한 지 얼마 되지 않은 직원이 먼저 출근해서 나중에 출근하는 선배 직원에게 인사한다. 인사는 기본적으로 먼저 하고 일을 시작한다.

인사는 반드시 깍듯하게 해야만 하는 것은 아니다. 어느 정도 친해지면 다정하게 인사해도 된다. 직급의 차이가 크게 나더라도 상황에 따라 인사 형태는 달라질 수 있다. 눈으로 인사하거나 가벼운 목례만 해도 될 상황이 있다. 미소만 지어도 인사가 된다. 바쁘다 보면 놓칠 때도 있겠지만, 그럼에도 인사는 되도록 하는 것이 좋다.

## 인사만 잘해도 50%는 먹고 간다

신규 직원이 인사를 잘하면 예쁘게 보인다. 인사를 잘하면 동생같이, 아들같이, 가족같이 챙겨주고 싶은 마음이 생긴다. 인사를 잘하면 본전이지만, 인사를 하지 않으면 이미지가 추락한다.

인사를 잘하기 위한 비법은 무엇일까?

### 첫 번째, 먼저 인사하라.

내가 나이가 많아서, 직급이 높아서, 입사가 먼저라서, 상대방이 인사하기를 기다린다면 잘못된 것이다. 그런데 인사를 하지 않는 직원이 간혹 있다. 인사를 했는데도 받아주지 않는 경우나, 때로는 다른 곳에 신경을 쓰다 보니 인사를 받지 않는 경우도 있다. 인사를 하더라도 모기같이 작은 소리로 한다면, 상대방은 잘 들리지 않게 되며, 오해할 수 있는 경우가 발생하기도 한다.

### 두 번째, 크게 인사하라.

인사는 인사 자체의 의미도 있지만, 인사함으로써 울려 퍼지는 경쾌한 파장이 분위기를 더욱 활기차게 한다. 인사 잘하는 직원은 조직 분위기까지 간파하는 하이 테크닉을 가진 직원이다. 무조건 큰 목소리로 인사하라는 뜻은 아니다. 상황에 맞게 적정한 목소리로 인사해야 한다. 될 수 있으면 아침은 활기차게 인사하는 것이 좋다.

### 세 번째, 웃으면서 인사하라.

국가에도 감사원이 있듯이, 모든 조직에는 감사 부서가 있다. 감사(監査) 업무는 그 자체로 수감 대상 사무소 사람들을 긴장감으로 경직되게 만든다. 감사를 받는 수감 사무소 직원은 매우 긴장된 상태로 감사 수감을 받고 있을 것이다. 감사 주최 측이든, 감사를 받는 수감자 측이든 서로가 주어진 임무를 다하기 위해서는 경직될 수밖에 없는 구조다.

최근 감사를 진행했던 사무소에 기억나는 직원분이 있다. 그 직원분은 감사 진행 중임에도 매우 반갑게 미소를 지으며 인사를 건넸다. 웃음을 지으며 건네는 그 표정은 예술 그 자체였다. 입장을 바꿔놓고 생각했을 때, '과연 내가 수감을 받는 자리에 있더라도 미소를 지으며 인사를 건넬 수 있었을까?' 하는 생각이 들 정도였다. 인생 산전, 수전, 공중전, 수중전 모두 겪어본 내공의 소유자처럼 느껴졌다.

그런데 인사를 하지 않는 것도 기분이 나쁘지만, 인사를 건넸음에도 인사를 받아주지 않으면 더욱 기분이 나쁘다. 인사 자체는 아무것도 아니지만, 사회를 살아가는 사람에게는 크나큰 영향력을 미치는 요소가 된다. 인사를 잘하는 사람도 보았고, 인사를 하지 않는 사람도 보았다. 인사를 하지 않는 사람에게는 거리를 두게 된다. 보이지 않는 벽이 생긴다. 돈도 들지 않는 인사를 우리는 반드시 적극적으로 해야 한다.

## 인사! 잘하면 본전이고, 하지 않으면 손해다

직장 생활을 하면서 인사하지 않거나 특정인에게만 인사하는 사람이 가끔 있다. 인사는 될 수 있는 대로 같은 공간에 있는 모든 사람에게 하는 것이 좋다. 물리적으로 하기 힘든 거리까지 하는 것은 무리일지라도 같은 팀 안에서는 해야 한다. 어떤 경우는 바로 마주 보는 자리인데도 인사를 하지 않는 경우를 본 적이 있다.

한두 번은 먼저 인사하더라도 상대방이 받아주지 않으면 더 이상 인사를 하기 싫어지며, 인간관계조차 가지기 싫어진다. 이렇듯 인사는 잘하면 본전이고, 하지 않으면 손해가 발생한다. 인사를 하지 않는 원인은 무엇일까? 곰곰이 생각하면 두 가지 원인을 찾을 수 있다.

### 첫 번째, 성격이 내성적이다.

성격이 내성적이거나 성향(MBTI)이 I형(내향적 성격) 성격의 소유자인 경우가 있다. 물론 '태생이 그런데 어떻게 하느냐?'라고 반문할 수 있다. 하지만 내성적인 사람도 인사는 할 수 있다. 인사는 성격 이전에 인간의 도리이기 때문이다.

### 두 번째, 늦게 출근하기 때문이다.

출근 시간이 9시라면, 9시가 다 되어 허겁지겁 출근하는 사람이 있다. 시간에 딱 맞춰 출근하게 되면 먼저 자신이 위축감이 들어 활기차게 인사하지 못하고 소심하게 된다. 물론 여러 가지 긴급한 상황이 발생해 늦게 출근할 수 있다. 하지만 상습적으로 늦게 출근하는 직원은 자신감이 떨어지기 때문에 활기차게 인사를 하지 못하고, 동료들에게도 인사를 놓치거나 작은 소리로 하게 된다.

출근 시간에 늦게 출근하게 되면 좋지 않은 점 세 가지가 발생한다.

### 첫 번째, 이미지가 추락한다.

구성원들에게 신뢰도가 떨어진다. 중요한 일을 맡기려 해도 신뢰가 가지 않는다. 한마디로 밉상이다. 이미지를 개선하기 위해서는 이미지 추락 전보다 훨씬 더 큰 노력이 필요하다. 앞서 10%의 법칙에서 언급한 바와 같이 10%만 더 많이 하고, 10%만 더 손해 보는 마음으로 서두른다면 모든 일이 만사형통이다. 이러한 만사형통의 법칙을 손해 본다고 생각하면 큰 오산이다. 오히려 여유를 안겨주는 등 장점만 존재한다.

### 두 번째, 모든 일에 여유가 없다.

조직이 존재해야만 나 자신도 존재하는 것 아닌가? 그렇다고 터무니없이 일찍 출근하라는 말은 아니다. 조금만 일찍 출근하라는 것이다. 모든 일에 여유를 가지고 살아가는 확실한 방법이다. 어느 조직이든 조직을 이끌어가는 부서가 있기 마련이다. 상상도 못 할 정도로 일찍 준비하는 사람들도 많다. 그러한 구성원들이 있기에 조직은 움직인다.

### 세 번째, 발전이 없다.

늦게 출근하면 이미지가 나빠지고, 여유가 없으며, 결국 쫓아가는 인생이 된다. 쫓아가게 되면 발전이 없으며, 따라다니기에 바쁘다. 주도적으로 일을 하지 않으면 재미가 없다. 주도적으로 해야 모든 일에 재미가 생긴다.


약속 시간보다 20분 전에 도착하라.

일찍 도착하기 위해서는 미리 출발해야 한다. 약속 시간이나 출근 시간이나 똑같은 약속이다. 출근은 회사와의 약속이고, 일반적인 약속은 개인과의 약속이다. 약속 시간을 생명같이 소중히 여겨라. 여러분 앞날에 발전이 있을 것이다.

# 5

# 말의 루틴

데이 C. 셰퍼드는 '세 가지 황금 문'이라는 글을 통해서 "말하기 전에 세 가지 황금 문을 지나게 하라"고 했다. 전직 장관이었던 유시민 작가가 관료로 근무할 때 선배 정치인으로부터 교훈적인 말씀을 들었는데, 데이 C 셰퍼드의 이 '세 가지 황금 문'을 언급했다.

현직에서 활동할 당시, 자신은 실천하지 못해 후회했다고 말하면서 대화에서 이 원칙을 지키면 훌륭한 사람이 될 것이라고 고백한 세 가지의 원칙을 소개하고자 한다.

# 대화할 때 지켜야 할 세 가지 원칙

### 첫 번째, 옳은 말인가?

대화할 때 '우리끼리' 이야기인데, '남자끼리' 이야기인데, 하면서 정상적인 범위를 다소 벗어난 이야기를 하는 경우가 때때로 있다. 하지만 대화의 장에 있는 모든 사람이 똑같은 생각을 가지고 있는 것은 아닐 것이다. 그렇기 때문에 대화는 조심스럽게 해야 한다. 그래서 말을 할 때는 옳은 말인지, 아닌지를 염두에 두고 표현해야 한다. 옳은 말이 아니라고 조금이라도 생각된다면 하지 않는 것이 더 좋을 것이다.

### 두 번째, 꼭 필요한 말인가?

대화하다 보면 옳은 말이든 옳지 않은 말이든 하게 마련이다. 하지만 옳은 말이라 할지라도, 지금 이 상황에 꼭 필요한 말인가를 생각해보는 것이 좋다. 지금 당장 해야 할 말이 아닌 경우 다시 생각한 후, 대화해야 한다.

### 세 번째, 친절한 말인가?

누군가와 일을 처리하거나, 대화할 때 간혹 따지거나 훈계하듯이, 혹은 자기만 아는 듯이 그 일에 대한 말을 하는 유형의 사람이 있다. 틀린 말도 아니고, 나쁜 말도 아니다. 하지만 "~이렇게 해야 하잖아요?" 또는 명령형 말투로 "~해주세요" 등의 표현을 자주 사용하는 사람이 있다.

말을 들을 때마다 기분이 썩 좋지 않다. 대화가 더 이상 지속되지 못하고 끊기기 마련이다. 대화는 배려가 바닥에 깔려 있어야 한다. 자기중심적으로 이야기하다가는 있던 친분마저도 없어진다. 같은 조직에 있으니 참고 지나가지만, 이런 상황이 계속된다면 마음속으로는 같은 공간에 더 이상 있고 싶지 않을 것이다.

같은 말이라도 친절하고 부드럽게 해야 한다. 이야기를 듣는 상대방은 "귀로 듣는 것이 아니라 마음으로 듣고 있다"라는 생각을 항상 염두에 두어야 할 것이다. 말(言)에는 생명이 있다. 에너지를 넘치게 하는 말이 있고, 들으면 기분이 나빠지는 말이 있다. 꼬집어 말할 수 없지만, 같은 말인데 마음을 움직이게 하는 사람의 말을 들으면 같이 있고 싶어진다.

## 어떻게 해야 같이 있고 싶어지는 사람이 될 수 있을까?

### 첫 번째, 상대방에게 대화할 기회를 먼저 주어라.

2명 혹은 3명 이상이 대화할 때 자신만 말하는 경우, 상대방 또는 같이 대화의 자리에 있는 사람 입장에서는 왠지 소외되는 느낌을 받는다. 대화에 참여할 수 있음에도 계속해서 말하는 사람 때문에 말할 기회를 잡지 못해서 다음에는 그 사람과 대화를 하는 것을 꺼리게 된다.

몇 년 전의 일이었다. 직원 1명과 함께 고객과 셋이서 대화하고 있었는데, 동행했던 직원 1명이 계속해서 자기 중심으로 대화를 이어갔다. 대화하다 보니 필자가 가만히 있을 수 없어 손님이 오셨으니 손님 중심으로 이야기를 진행시키고자 했으나, 동행한 직원이 계속해서 대화의 중심에 서서 말하려고 했다. 손님의 입장에서뿐만 아니라 같은 편 입장에 있는 필자마저도 기분이 썩 좋지 않았다. 대화는 주거니 받거니 해야 한다. 본인만 말해서는 대화가 되지 않는다.

### 두 번째, 대화에서 공통분모를 찾아라.

2명이든 3명이든 공감대가 형성될 수 있는 대화를 하는 것이 좋다. 3명이 서로 아는 사이지만, 환경이나 조직이 같지 않을 경우가 있다. 이때, 두 사람만 공통된 소재의 이야기만 한다면, 한 사람은 이야기 주제에서 소외된다. 이때는 3명 모두 공감할 수 있는 공통 주제에 관해서 이야기하면 더욱 좋은 분위기 속에서 대화를 이어갈 수 있게 된다. 모두가 공통으로 공감할 수 있는 내용의 소재를 이야기하는 것이 그 모임이나 집단이 오래 지속될 수 있는 대화 방법이다.

### 세 번째, 똑똑한 말도 따뜻하게 하라.

오래전에 같이 근무한 후배와의 에피소드다. 필자가 회사에서 당직을 설 때였다. 회사 내의 일부 공간에서 소란스러운 일이 일어나고 있었다. 필자는 당직을 서고 있고, 후배는 당직은 아니지만 소란 대상자들을 관리하는 위치에 있었다. 선배인 필자가 후배에게 소란 장소에 가서 평정하는 것이 어떠냐고 이야기했다. 후배는 나는 당직자가 아닌데 왜 내가 가야 하느냐고 필자에게 따졌다. 그 이야기를 듣는 순간 필자는 마음속으로 기분이 썩 좋지 않았다.

누가 옳고 그름의 문제가 아니었다. 기분이 나빴던 것은 표현 방법이다. 후배가 필자에게 조금만 더 재치 있게 표현했다면 좋았을 것이라는 아쉬움이 남는다. "선배님! 제가 말하는 것보다는 선배님이 가서 평정해주시면 제가 배워서 다음번에 처리를 더 잘할 수 있을 것 같습니다"라고 표현했다면 더욱 좋은 응대가 아닐까 생각해본다. 표현 방법은 중요하다.

같은 말일지라도 따뜻함이 없으면 말의 힘과 정당성이 없어진다. 상대방을 오해하게 만들 수 있게 되는 것이다.

# 경제 마인드 루틴을 장착하라

경제적 부를 이루기 위한 세 가지 방법이 있다. 첫 번째는 노동을 제공함으로써 얻어지는 근로소득이다. 두 번째는 사업체를 운영함으로써 얻어지는 사업소득이다. 세 번째는 금융자산 또는 부동산 자산 등 자산을 이용해 얻어지는 재산소득이다.

근로소득은 50~60세에 은퇴하면 소득이 발생하지 않게 되며, 사업소득은 소득을 얻는 방법 중 좋은 방법이지만, 사업의 세계에 뛰어들기도 어렵고 성공하기가 쉽지 않다. 세 번째 소득인 재산소득은 많은 노력을 들이지 않고 소득을 얻을 수 있는 방법이다. 대부분은 노동을 대가로 얻어지는 소득이기 때문에 시간적인 한계에 봉착한다. 하지만 재산소득은 시간적 제약이 없으며, 얼마든지 작은 규모의 돈이나 재산으로 시작할 수 있다. 특히 부동산은 많은 돈이 있어야 하지만, 주식, 예금 등의 금융소득은 적은 돈으로도 얼마든지 투자할 수 있다.

경제 공부를 아무리 많이 한다고 해서 부자가 되는 것은 아니지만, 운동, 언어, 공부와 마찬가지로 경제 교육을 통한 경제 마인드는 어렸을 때부터 정립시키는 것이 좋다. 어릴 때부터 만들어야 할 경제 습관은 크게 세 가지가 있는데 절약, 꾸준한 적립, 흔들리지 않는 믿음이다.

### 첫 번째, 절약(節約)하라.

절약 정신을 어릴 때부터 만들어간다면 그야말로 좋은 습관을 형성했다고 할 수 있다. 투자하게 되면 절약 정신은 자동으로 생긴다. 세계적인 투자의 신(神)이자 오마하의 현인(賢人)으로 불리는 워런 버핏(Warren Buffett)도 현재 아주 오래되고 조그만 주택에서 거주하고 있다고 한다. 이것은 평범한 사람들에게 절약 정신이 얼마나 중요한지 시사하는 바가 크다고 할 수 있다.

세계적으로 유명한 사업가이자 경영의 신으로 추앙받는 마쓰시타 고노스케(松下幸之助)는 세 가지가 결핍되어 결핍을 채우기 위해 노력했다. 태생적으로 허약해 건강하기 위해 노력했고, 가난해서 가난을 극복하기 위해 열심히 일했고, 배우지 못해 모두를 스승 삼아 배우려는 마음으로 살았다. 세 가지 결핍 중 가난을 극복하기 위해 열심히 일한 것은 물론, 그에 앞서 절약 정신을 기본적으로 실천했기 때문에 가난을 극복할 수 있었다.

## 두 번째, 꾸준히 적립하라.

"부자가 되기 위한 가장 빠른 방법은 천천히 부자가 되는 것이다"라는 말이 있다. 한 방에 부자 되는 것은 한 방에 망할 수도 있다는 것이다. 하루아침에 부자가 된 사람은 많지 않다. 워런 버핏도 10세 때부터 주식 투자를 했지만, 급격하게 돈을 번 시점은 65세 이후라고 한다. 왜냐하면 주식은 복리의 법칙이 숨어 있고, 장기로 갈수록 투자 성공 확률이 높아지기 때문이다.

결론을 이야기하면, 투자는 장기로 하되 일시적인 상황에 흔들리지 않고 꾸준히 적립하는 경우에 많은 돈을 벌 수 있다는 것이다. "가랑비에 옷 젖는다"라는 격언이 있다. 꾸준히 저축하고 적립하면 어느새 나도 모르게 부자가 될 수 있다는 것이다. 꾸준한 적립은 저축을 생활화하는 것이다. 큰돈이든, 적은 돈이든 꾸준히 밥을 먹듯 적립하는 것이 부자의 지름길이다.

## 세 번째, 흔들리지 마라.

절약하고, 꾸준히 적립했다고 하더라도 갑작스럽게 적립한 돈을 깨야 하는 상황이 생길 수 있다. 적립하더라도 갑작스러운 상황에 대비해서 사용할 수 있는 예비 자금은 항상 남겨두는 것이 좋다. 사람은 살다 보면 어떠한 상황이 닥칠지 모르기 때문이다.

마음이 흔들리지 않기 위해서는 긴급한 상황을 대비해서 여유자금을 확보해야 하며, 생활패턴이 수입 대비 지출이 제로라면 여유가 없어진다. 수입이 지출보다 최소 10% 이상은 높아야 한다. 그렇게 해야 긴급한 상황에 대비할 수 있으며, 멘탈이 흔들리지 않게 된다. 지금까지 그렇게 하지 않았다면, 지금부터 시도하라. 지출보다 수입이 많으면 자신감과 안정감이 동시에 생긴다. 절약하고 꾸준히 적립하라. 그리고 어떠한 경우에도 흔들리지 않도록 마음을 다잡고 살아라. 먼 훗날 생각지도 못한 돈이 여러분을 기다리고 있을 것이다. 자신도 모르게 부자가 되어 있을 것이다.

# 7

# 프로필 한 줄을 늘려라

새해가 되면 대부분의 사람들이 버킷리스트를 계획하거나, 떠오르는 태양을 보면서 새해 소망을 기원한다. 하지만 계획한 일을 실천하기란 쉽지 않다. 처음부터 크게 목표를 잡으면 자칫하면 작심삼일에 그치기 쉽다. 처음에는 작은 목표를 설정해 실천하기 쉬운 것부터 시작해야 한다. 작은 것 하나라도 목표를 설정했다면 실천해서 완성하는 것이 성취감과 자부심을 느끼기에 좋은 방법이다. 어떠한 목표라도 좋다. 목표를 설정해서 작은 것 하나라도 달성하기만 하면 된다. 얼마나 즐거운 일인가?

## 대단한 것이 아니라도 좋다. 작은 것 하나라도 달성하라

1년에 한 가지의 목표를 달성해 자격증을 취득하거나 자격증이 아니더라도 무엇인가 목표한 것을 달성한다면 그만큼 발전한 것이다. 매년 눈에 띄는 무엇인가를 하지 않아도 된다. 지금까지 책 한 권 읽지 않았다면, 1년에 한 권만이라도 읽는다면 성공한 것이다. 살을 빼기 위해 몸무게가 1kg이라도 줄어들었다면 성공한 것이다. 대단한 무엇인가를 달성하지 않아도 된다. 42.195km 풀코스를 달리지 않아도 된다. 5km부터 시작하라. 그것도 어렵다면 1km부터 시작해도 된다. 운동화만 착용해도 된다. 일단 시작하라.

한 해의 끝에서 프로필을 작성한다고 할 때 작년과 비교해 무엇인가 한 줄이라도 적을 것이 늘었다면, 그해는 성공한 해라고 할 수 있다. 이렇게 매년 한 줄씩 계속해서 프로필 내용을 늘린다고 가정할 때, 시간이 지날수록 엄청난 변화가 일어날 것이다. 요즘은 100세 시대다. 2023년 현재 평균수명이 남자는 80세, 여자는 86세다. 나이가 40세인 사람은 평균수명이 100세가 넘어간다고 한다. 은퇴 이후를 준비한 사람에게는 축복이요, 준비하지 않은 사람에게는 재앙이다.

평균 은퇴 연령이 51세인 지금, 은퇴 이후 50년을 더 산다고 가정할 때 인생 2막을 위해 소득과 관계없이 무엇인가를 하려면 끊임없이 자기계발을 함으로써 프로필을 늘려야 한다. 쉽지 않은 과정이지만 즐겁고 긍정적으로 노력해야 한다. 은퇴 이후에는 친구가 필요하다고 한다. 하지만 친구보다도 더 중요한 것이 있다. 직업이든, 취미든 '자기의 할 일'이 있어야 한다. 프로필 한 줄을 늘린다는 것은 은퇴 후의 삶과 연결된다. 지금부터 부지런히 프로필을 늘려라. 기쁨이 채워질 것이다.

## 자기 주도적으로 할 수 있는 일을 준비하라

누군가를 만날 시간이 없을 정도로 바쁘다는 것은 은퇴 전후 시점에 따라 감정이 다르게 느껴질 것이다. 은퇴 이전에 친구조차 만날 시간이 없을 정도로 바쁘다는 것은 개인적으로 볼 때 불행한 삶이지만, 은퇴 이후 누군가를 만날 수 없을 정도로 바쁘다는 것은 축복이다.

일본은 우리나라보다 20~30년 전에 고령화 사회에 접어들었으며, 은퇴 후에도 30~40년 더 살아야 하는 시대에 살고 있다. 일본을 교훈 삼아 은퇴 이후의 삶을 준비해야 행복한 삶을 살 수 있다. 1970~1980년에는 평균수명이 지금보다 낮았기 때문에 은퇴 후의 삶이 길지 않아 인생 2막의 삶을 준비할 필요가 높지 않았지만, 시간이 지날수록 은퇴 후의 삶이 길어지고 자기 주도적으로 해야 할 일의 필요성이 더욱 커지게 되었다. 미리 준비해야 한다. 은퇴 시점이 다가왔을 때 준비하면 늦다. 프로필 한 줄 늘리는 것은 힘들지만 즐거운 일이다. 한 살이라도 젊었을 때 시작하라. 그리고 꾸준히 하라. 멋진 사람이 되어 있을 것이다.

PART

3

루틴의 달성은
긍정적으로
변하게 한다

# 친화력도 루틴이다

2010년 여름 운이 좋게 직장 노동조합에서 주관하는 노동생산성 해외연수에 추천되어 호주에 가게 되었다. 호주 시드니 대학교 대학원의 중국인 유학생과 옆자리에 앉게 되어 호주까지 동행하게 되었다. 약 12시간의 비행시간이 소요되는 머나먼 거리였지만, 나에게는 10분도 안 되는 듯한 시간으로 느껴지는 비행이었다. 나에게는 새로운 사람을 만나면 친해지고 싶은 잠재된 끼가 있었기 때문이다. 영어 50%, 콩글리쉬 30%, 보디랭귀지 20%의 의사소통으로 제법 깊은 대화까지 나누었다.

25세인 그녀는 아버지가 아프리카에서 활동하시는 사업가로, 다소 경제적으로 여유가 있어 보였다. 그녀의 영어 이름은 쥬피로, 어떤 대화를 나누었는지 10여 년이 지난 지금 구체적으로 기억나지 않지만,

인상적인 시간이었으며, 옆자리에 앉은 회사 동료에게 미안할 정도였다. 이메일 주소까지 주고받는 등 적극적으로 의사소통을 했다. 비록 지금은 연락이 되지 않지만, 인생을 살아가면서 10시간 이상을 외국인과 쉬지 않고 대화해보았던 소중한 경험이었다.

금융기관 영업점에서 근무할 때였다. 외국인 손님이 송금을 요청했으나 적극적으로 응대하려는 직원이 없어 본능적으로 필자가 업무 처리를 해주겠다고 의사 표시를 한 후, 간단한 송금 및 공과금 납부 등을 처리해주었다. 이름은 니콜라스로, 인근 한국교회에 파견되어온 필리핀 선교사였다. 이 사건이 인연이 되어 금융거래가 필요할 때마다 순번 대기표도 뽑지 않고 내 자리로 와 금융거래를 하고 돌아갔다. 20년이 지난 지금도 가끔 안부를 물어보고 연락하곤 한다. 물론 일은 많아졌지만 새로운 사람과 좋은 인연이 되어 대한민국의 이미지를 격상시키고 직장 이미지도 한층 좋아지게 되었다.

## 성격은 계발하기 나름이다

필자는 어린 시절, 아주 내성적인 성격이었다. 요즘 유행하는 MBTI로 말하면 극단적 I형이었다. 초등학교 1학년 시절이었다. 4교시에 화장실에 가고 싶었으나, 부끄러워 선생님께 손을 들어 화장실에 가고 싶다고 말을 하지 못했다. 그러다 4교시가 끝난 뒤 복도에 줄을 서서 대기하다가 결국 큰 봉변을 당하고 말았다. 지금 생각하면 하나의 추억이지만, 그때 당시의 필자에게는 굉장히 심각한 일이었다. 어린 시절, 이정도로 내향적 성격이었던 아이가 학창 시절과 군대 생활 등 사회 생활을 거치면서 변해야겠다고 생각하게 되면서 점차 사고방식과 행동의 변화가 일어났다.

물론 그렇다고 극단적 내향적 성격이 천성적으로 외향적 유형의 성격(E형)으로 되지는 않았다. 필요할 때 잠재된 끼가 발휘되거나, 주변에서 보면 밝은 성격의 소유자로 생각할 정도로는 변화하게 되었다.

보험영업을 관리하고 추진하는 부서로 이동하게 되어, 직원과 보험영업을 하는 분들에게 교육을 주관하고 각종 추진을 독려하는 역할을 하게 되었다. 추진하기 위해서는 교육을 해야 하고, 교육을 진행할 때 재미있게 진행할 필요성을 느껴 YMCA에서 주관하는 레크레이션 강사 과정을 몇 개월간 이수하기도 했다. 레크레이션 강사 과정에서 배운 것을 모두 기억하지는 못하지만, 교육을 진행할 때마다 부분적으로 적용하고 적절하게 사용했다. 그리고 나중에 교육원 교수로 근무하게 되었을 때, 레크레이션 강사 교육 과정의 위력을 더 많이 실감했다. 배운 것이 헛되지 않아 지금도 다행이라고 생각한다.

레크레이션 강사 과정은 새로운 경험이었고, 배우는 과정에서도 매우 신선한 충격이었다. 교육생들도 가정주부에서부터 교사에 이르기까지 다양한 직업으로 구성되었다. 그때 알게 된 인연으로 어린이집 원장님과 연락을 하게 되어 나중에 교육원 교수로 근무하게 되었을 때, 다문화 어린이 교육프로그램에 초청한 적도 있었다.

학창 시절부터 교직에 뜻이 있어 교육에 관심이 많았지만, 인연이 닿지 않았다. 2016년, 회사에서 교수요원 공개모집을 하게 되었다. 근무 부서와 관계없이 교육에 관심이 있는 직원은 누구나 교수요원에 공모할 수 있어 지원을 했다. 서류전형과 강의 시현을 통해 다행히 선발되어 나는 교수로서의 첫발을 내디딜 수 있게 되었다. 신입직원부터 기존 임직원 등 다양한 교육생들을 경험하고 좋은 인연이 되었다. 지금 나의 스마트폰 친구 연락처 명단은 4,310명이 되었고, 한 분, 한 분이 소중한 나의 인생 자산이 되었다.

친화력은 타고난 재능이 중요한 역할을 하지만, 후천적으로 깨닫고 노력한다면 소중한 인연을 많이 만들어갈 수 있다. 아파트 엘리베이터에서 이웃을 만나면 인사를 하곤 한다. 아파트 문화에 따라 조금씩 다르기도 하지만, 만난 사람에게 반갑게 인사하는 노력은 모두에게 좋은 기분과 느낌을 준다. '만남'에 관한 좋은 시가 있어서 소개하려고 한다.

가장 잘못된 만남은 생선과 같은 만남입니다.
만날수록 비린내가 묻어오니까

가장 조심해야 하는 만남은 꽃송이 같은 만남입니다.
피어 있을 때는 환호하다가 시들면 버리니까

(중략)

가장 아름다운 만남은 손수건과 같은 만남입니다.
힘이 들 때는 땀을 닦아주고
슬플 때는 눈물을 닦아주니까

정채봉, '만남'

우리의 인생은 짧다. 좋은 손수건과 같은 만남을 위해서 먼저 다가가는 친화력을 가져야 한다. 손수건과 같은 사람이 되어보자.

# 인맥 관리 루틴

나에게는 매일 아침 습관적으로 하는 일이 있다. 첫 번째는 명상이고, 두 번째는 카카오톡에 생성되는 오늘 생일 명단을 보고 축하 문자를 보내는 것이다. 언제부터인가 나도 모르게 하고 있다. 몇 년 동안 했는지 기억은 나지 않지만, 아침이면 이 작업을 하고 있다. 생일자 명단이 하루에 1명에서부터 10명 이상이 되는 경우도 있다. 나에게 숫자는 문제가 되지 않는다. 1명이면 정성스럽게 작성하고, 10명이면 덜 정성스럽게 작성하는 것이 아니다. 1명이든, 10명이든 소중한 사람에게 보내듯 문구를 작성하고 길지는 않지만, 간단한 축하 문구를 보낸다. 이렇게 나의 하루는 시작된다.

생일자의 친분 정도는 다양하다. 오래전부터 알고 지낸 사람부터 최근에 알게 된 분들까지 각양각색이다. 1번을 만나든, 10번을 만나든 정성스럽게 대하게 되면 친분이 생기게 마련이다. 업무적으로 알게 되든, 사적으로 친분이 생기든 사람을 바라보는 태도는 같다. 생일 문구를 보내게 되면 반응의 정도는 다양하게 나타난다. 간단하게 "감사합니다"라고 짧게 응답하는 경우도 있지만, 자신을 기억해주고 축하해준 것에 대한 감사 표현을 주시는 분들도 있다. 나는 감사 표현을 받기 위해서 생일 축하 문구를 보내는 것이 아니다. 삭막한 세상에 생일 때만이라도 따뜻한 말을 건네며 조금이라도 힘이 되어주고 싶기 때문이다. 모든 사람에게 긍정적 효과를 주는 것은 아니지만, 단 1명에게라도 힘과 용기를 줄 수 있다면, 이 일을 하는 것이 의미 있다고 생각한다.

회사 교육원에서 교수로 근무한 지 얼마 안 되었을 때다. 다문화 가정 외국인 여성분이 한국 남성분과 결혼해 가족 모두가 교육받기 위해 방문했다. 그중 필리핀 다문화 여성 한 분이 포항에서 살고 계셨는데, 카카오톡으로 가끔 안부를 전하거나 생일이면 축하 문구를 보내고, 농사를 지으며 농기계도 운전하는 모습을 동영상으로 보내는 등 소식을 가끔 전해온다. 직접 찾아뵙지는 못하지만 멀리서나마 건승을 기원한다.

입사한 지 강산이 3번 바뀌어간다. 입사 2년 차 금융영업점에서 출납업무를 담당하고 있을 때였다. 그때는 20대 후반에서 30대에 접어드는 나이라 신진대사가 원활해 회사 내 사무실 구내식당의 점심 식사가 너무 맛있었다. 구내식당에서 점심 식사를 준비해주시는 여사님은 당시 60대 중반의 어머니뻘로 인근에 사시는 분이셨다. 필자는 대체로 다른 직원이 먹고 난 후 늦은 식사를 했다.

구내식당에서는 군대에서 사용하는 식판을 사용했는데, 필자는 항상 고봉밥으로 담았다. 식당 여사님은 항상 자식에게 밥을 해주듯 정성스럽게 준비해주셨고, 필자가 밥을 먹는 동안 이런저런 이야기도 하며 따뜻하게 대해주셨다. 영업점에서 5년을 근무하고 다른 지점으로 이동하게 되어 이후 자주 뵙지는 못하지만, 가끔 안부를 묻곤 했다. 입사 2년이 지나고 결혼을 하게 되었는데, 그 당시 식당 어머님은 필자를 보고 항상 새신랑이라고 했다.

식당 여사님과의 인연 이후로 27년이 지났고, 이제 그 어머님은 93세가 되었다. 27년 동안 명절이 되면 전화로 안부를 묻거나 가끔 찾아뵙고 인사를 드리기도 했다. 그 어머님의 자녀들도 공직과 대기업에서 훌륭하게 직장 생활을 했고, 지금은 인생 2막의 삶을 살고 계신다. 식당 어머님의 가족들은 필자가 새신랑 때 인연이 되었기 때문에 50대 중반이 된 지금도 '새신랑'이라고 부른다. 필자의 얼굴이 동안인데, 식당 어머님의 가족들이 새신랑이라 불러주어서 동안을 유지하고 있는지 모른다. 피를 나눈 친척보다 꾸준히 좋은 관계성을 유지하고 있다.

전국 각지에서 떨어져 생활하지만 바쁜 직장 생활을 하면서 인연이 된 지인들과 입사 동기들이 생각날 때면 연락을 하곤 한다. 입사 시기는 같을지라도 나이가 다양해 은퇴의 순간이 다가온 동기들도 있다. 입사한 지 28년이 지난 지금, 얼굴을 본 횟수는 많지 않지만, 연락만큼은 꾸준히 한 것 같다. 특별한 내용이 없어도 가끔 안부를 물었다.

## 안부를 묻는 것도 인맥 관리다

최근 준오헤어 대표님의 강연을 유튜브로 본 적이 있다. 헤어 디자이너 중에 유달리 고객이나 지인으로부터 카카오톡 메시지가 많이 오는 직원이 있다고 했다. 은근히 부러웠다고 이야기했는데, 자세히 관찰해보니 그 비법은 상대방에게 SNS로 안부를 묻거나 연락을 많이 하는 것이었다. 그 헤어 디자이너는 받은 문자보다 훨씬 더 많이 보냈던 것이 비법이었다. 고객이나 지인을 관리하는 데 투입된 노력이 엄청났다는 것이다. 투입이 100이라면 소득은 100보다 무조건 작기 마련이다. 만물의 법칙이다.

준오헤어 대표님의 인생관과 필자의 인생철학은 일맥상통한다. 투입대비 산출은 반드시 작다. 하지만 시간이 지나면 의미 없던 투입은 엄청난 결과물을 가져다준다. 확신하고 또 확신한다. 사람을 관리하는 능력! 이것은 목적을 가지고 접근하면 오래가지 못한다. 왜냐하면 사람 자체보다 그 사람으로부터 얻을 것을 먼저 생각하기 때문이다. 순수하게 접근해야 한다. 이것이 사람을 오랫동안 간직할 수 있는 비결이다.

사람이 좋아 연락하고, 인연이 이어지고 있다. 만나면 반갑고, 떨어져 있으면 보고 싶은 사람이 많다. 오랜만에 만나도 좋은 사람은 과거에 서로의 관계성이 좋았기 때문이다. 과거에 관계성이 좋지 않았던 사람은 다시 만날 이유가 없다.

내가 먼저 연락하게 되면 '왜 나만 먼저 연락하지' 하고 자존심이 상해 더 이상 연락하지 않을 수 있다. 하지만 섭섭함을 느낄 일이 아니다. 요즘 가끔 '내가 연락할 수 있는 상대방이 존재한다는 것이 얼마나 큰 축복인가' 하고 느낄 때가 있다. 인생을 살아가는 지혜가 축적되어 느끼는 감정일 것이다.

인간은 사회적 동물이다. 혼자서는 살 수 없다. 인간에게 주어진 관계성의 운명을 거스를 수는 없다. 어떠한 이익을 바라고 인맥 관리를 하면 오래가지 못한다. 목적을 가지고 접근하면 목적이 달성되고 나면 관계성이 이어지지 않는다. 거창하게 인맥 관리 루틴이라는 표현을 사용했지만, 단순히 안부만 물어도 좋은 인맥 관리가 된다. 필요할 때만 연락해서는 안 된다. 필요할 때만 연락이 와도 감사한 일이지만, 목적 없이 순수하게 안부를 묻고 연락한다면 그것이 진정한 인맥 관리가 아닌가 생각한다. 그렇게 하다 보면 정말 필요할 때 도움을 요청할 수 있으며, 상대방에게 도움을 줄 수도 있다. 오늘도 보고 싶은 사람에게 안부를 전하자!

# 3

# 단아한 광기,
# 힘(을) 숨(긴) 찐(무명)

"이 노래가 날카로운 칼이라면, 나는 이 칼에 베여 죽어도 좋다!"

이 말은 노래를 들으면서 죽어도 될 정도로 노래 솜씨가 빼어나다는 뜻이다. 언어로 표현할 수 있는 극찬(極讚) 중에 최고의 표현이다. 모 방송 오디션 프로그램에서 한 참가자의 노래를 듣고, 한 심사위원이 평가한 말이다. 노랫소리가 국악기에 비유할 정도로 빼어나다고 심사평을 했다. 필자는 이 문장을 듣는 순간 온몸에 전율이 흘렀다. '어떻게 노래에 딱 맞는 심사평을 했을까?' 하는 생각이 들었다. 필자는 이 노래를 듣고 난 후, 세상에는 재야에 숨겨진 실력 있는 고수(高手)들이 많이 있다고 생각했다. 무엇인가를 표현하는 방법은 다양하다. 어떤 이는 노래로, 어떤 이는 춤으로, 어떤 이는 그림으로, 어떤 이는 글로, 어떤 이는 학문적 연구로, 어떤 이는 운동으로, 이 모든 것들이 크게 보면 예술이다.

사람에게 감동을 주면 예술이 된다.

멋진 예술품을 보면 감동이 밀려온다. 100m 달리기에서 9초대의 기록을 경신하는 우사인 볼트(Usain St. Leo Bolt)와 같은 사람을 보거나 세계적인 성악가의 노래를 들으면 우리는 감동한다. 어려운 환경에서 사법고시나 행정고시를 패스하면 우리는 그 사람을 보고 감동을 한다. 그리고 알려지지 않은 사람이 노래로 사람들을 감동시킬 때, 우리는 그 노래를 '예술'이라고 부른다.

## 단아한 광기, 힘(을) 숨(긴) 찐(무명)

오디션 참가자의 직업은 다양하다. 어머니와 오빠뿐만 아니라 자신도 간호사인 한 참가자가 있었다. 겉보기에는 선생님이나 작가나 종교인 같은 이미지가 있었다. 참가자의 아버지께서는 참가자가 노래하는 것을 탐탁스럽지 않게 생각하셔서 오디션에 참가한 사실도 모르고 있다며, 노래로 사람을 치유하는 것이 소망이고, 자신이 오디션 프로그램에 참여한 것이 현명한 선택이라는 것을 보여주고 싶다고 말하면서 노래를 시작했다.

노래가 시작되자 반전이 일어났다. 얌전하게 발라드 노래를 부르리라고 예상했던 심사위원들 모두가 뒤집어졌다. 댄스 오디션에 참가한 이력도 있어 모두의 예상을 뒤엎는 반전의 무대를 연출했고, 자신의 모든 것을 내뿜을 정도로 열창했다.

시작부터 노래가 마칠 때까지 그 무대를 보는 모든 심사위원과 참가자들은 경악의 연속이었으며, 입을 다물지 못했다. 참가자의 모습과 외양은 단아했지만, 노래의 시작에서부터 끝까지 연출과 몸에서 뿜어져 나오는 '광기'는 모두에게 감동을 주었다.

한 심사위원의 심사평은 그 참가자의 인생을 대신 말해주었다.

"세상에는 일상을 평범하고 정제된 삶을 살면서, 아무도 모르게 실력을 쌓아가는 숨겨진 실력자들이 있다. 그 힘(을) 숨(긴) 쩐(무명) 들은 일상을 평범하게 살면서, 열망하고 소원하는 무엇인가에 대해 불씨를 끄지 않고 최선을 다해 무대를 완성시켰다."

이보다 더 멋있고 적절한 표현이 있을까?

대부분의 사람은 스타가 되기를 꿈꾸지만, 극히 소수의 사람만이 스타가 될 수 있다. 하지만 스타가 되지 못한다고 실망할 필요는 없다. 오디션 심사평처럼 세상에는 평범한 일상의 정제된 삶을 살면서 자신의 꿈과 희망을 성취하기 위해 열심히 노력하는 힘(을) 숨(긴) 쩐(무명)이 의

외로 많다는 사실을 우리는 기억해야 할 것이다.

## 나도 힘(을) 숨(긴) 찐(무명) 이다

2018년, 회사에서 법인을 초월해 전(全) 임직원이 참여한 정체성 교육이 진행되었다. 회사의 정체성을 되새기며 기본으로 돌아가 회사 본연의 사명(使命)을 위해 노력하자는 취지였다. 소속 회사, 나이, 직급을 초월해 팀과 반을 구성했다. 지금까지 법인, 소속, 직급을 구분해 교육을 진행했던 것과 달리 모든 것을 통합해 교육을 진행하는 혁신적인 교육이었다.

교육 과목 중 협동과 상생을 위한 교육 과목이 있었는데, 반별로 노래를 정하고, 가사는 교육 내용의 취지에 맞게 개사(改詞)하고, 율동과 함께 전 교육생들을 관객으로 발표하는 시간이 있었다. 다른 교육 과목을 병행하면서 연습해야 했기 때문에 시간이 부족해 일과 외 시간에도 반별로 자체적으로 연습해야 했다. 교육생 평균나이가 40대 중후반이었기에, 학교를 졸업하고 처음 접하는 합창과 율동에 모두가 처음에는 왜 이런 것을 교육하는지 불만을 표했다.

하지만 연습하는 과정에서 서로가 발전하는 모습을 보면서 반전이 일어났고, 발표 당일에는 통일된 유니폼과 함께 발표 시연을 하는 자신들의 모습을 보는 순간 모두가 감동했다. 눈물까지 흘리는 교육생들도 있었다. 소속 회사와 직급을 초월해 진행하는 교육은 처음이었고, 평생 잊히지 않을 교육이었다고 회고한 교육생들도 있었다.

짧은 시간에 최선을 다해 연습하고 준비한 발표는 모두가 힘(을) 숨(긴) 찐(무명)이었으며, 가수이고 댄서였다. 교육을 진행했던 필자도 마지막 발표회 사회를 보면서 잠재되었던 끼를 마음껏 펼친 힘(을) 숨(긴) 찐(무명)이었다. 모두가 세계적인 가수, 운동선수, 연예인, 석학이 될 수 없다. 하지만 세상에 드러나지 않지만 숨겨진 힘(을) 숨(긴) 찐(무명)들로 묵묵히 살아가는 재야의 고수들이 많다. 언젠가는 세상에 드러날 그들의 미래를 위해 응원의 박수를 보낸다.

# 4

# 성공하려면 미쳐야 하고, 행복하려면 감사하라

몰입의 대가(大家)인 미하이 칙센트미하이(Mihaiy Csikszentmihalyi) 시카고대 심리학 교수는 창조적인 사람의 세 가지 요건으로 전문지식과 창의적 사고, 몰입을 제시했다. 그리고 이 모든 것을 아우르는 일에 대한 '몰입'이 창조를 완성한다고 말하며 몰입의 중요성을 강조했다.

TV와 유튜브에서 화제가 된 한국사 일타 강사 전한길 선생은 "성공하려면 미쳐야 하고, 행복하려면 감사하라"라고 말했다. 정말 맞는 말이다. '몰입'과 '미친다'는 단어만 다르지, 의미는 동일하다. 몰입에 대한 중요성을 강조한 사람은 많다. 사법 시험을 합격한 후 변호사로 활동하고 있는 전효진 변호사도 사법 시험을 공부하면서 느낀 성공담을 이야기하면서 몰입에 대해서 강조했다. 사법 시험은 오랫동안 공부한다고 합격하는 것이 아니라는 것이다. 짧은 시간이라고 할지라도 공부에 미친 사람처럼 몰입하면 합격한다는 것이다. 누구에게나 동일한 시간이 주어지지만 시간을 어떻게 사용하느냐에 따라 성공과 실패가 좌우된다는 것이다.

전효진 변호사(사법 시험 49회, 2007년 합격)는 가정환경이 어려워 과외를 하면서 사법 시험을 준비했다고 한다. 두 가지를 동시에 하다 보니 공부할 시간이 부족했기 때문에 이렇게 해서는 안 되겠다고 판단해 공부에만 집중했는데, 시간을 절약하기 위해 전날 밤 취침 전에 머리를 감았고, 아침에 일어나자마자 바로 도서관으로 출발하기 위해서 도서관에서 공부할 복장으로 잠자리에 들었다고 한다. 또한, 공부 시간을 확보하기 위해 점심 식사도 같이 먹지 않고 혼자 먹었으며, 화장실에 가는 시간도 아까워 물을 많이 먹지 않았고, 화장실에 갈 때도 책을 들고 보면서 볼일을 보았다고 한다. 쉬는 시간을 최대한 축소해 공부 시간을 확보했으며, 이렇게 해서 남들보다 2시간 이상 정도 공부 시간을 더 많이 확보했다고 한다. 하루만 놓고 본다면 2시간 더 많이 공부한 셈이지만 한 달로 계산한다면 60시간 이상을 더 많이 확보한 것이다. 이것이 남들보다 앞서간 공부법이라고 설명했다. 즉, 사법 시험 합격을 위해 잠자는 것만 제외하고 모든 것을 공부에 몰입했던 것이며, 공부에 미쳤던 것이다. 어떤 분야에 미치면 성공할 수밖에 없다.

미국의 어느 대학에서 평소 홍보업체에 위탁하는 것과는 달리 교내

게시판에 학교를 홍보하기 위한 아이디어를 공모했다. 최종 당선작은 몰입에 대한 아이디어인데, 학교 어느 곳이든지 메모할 수 있는 환경을 사진으로 보여주었던 것이었다. 즉, 화장실에 있는 휴지에 메모한 것, 학교 식당의 식탁에 있는 냅킨에 메모한 것, 소금 봉지, 식판에 도넛 쟁반 위에 놓인 위생 종이 위의 메모한 사진 등을 담은 작품이 채택되었다. 이 작품은 '우리 학교는 학생들이 식사하다가도 냅킨에 아이디어를 메모하고, 화장실에서 볼일 보다가도 아이디어가 떠오르면 화장지에 메모하고 연구하는 학교'라는 것을 나타냈다. 또한, 제프 베이조스(Jeff Bezos)는 스케치하면서 생각을 정리하는 습관을 가지고 있었다. 그의 메모 습관은 아마존을 세계 최고의 기업으로 만들었다.이것은 모두 몰입의 중요성을 이야기한다.

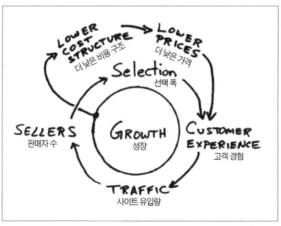

▲ 아마존 창업자 제프 베이조스의 메모

출처 : 아마존

## 감사는 행복 루틴의 최우선 조건이다

'Seven a day'는 '하루에 7개 감사하기'라는 의미다. 군 제대 후 필자가 도전했던 버킷리스트 중의 하나다. 하루에 감사할 항목 7개를 적는 것이 처음에는 쉽지 않았다. 감사하는 것도 자주 감사해야 잘할 수 있다는 생각이 들었다. 조그만 수첩을 구입해 매일 감사할 항목 7개를 적어 내려갔다. 처음에는 큰 것만 생각하다 보니 감사할 항목을 찾기가 어려웠다. 하지만 매일 감사 노트를 작성하다 보니 조금씩 감사 항목의 범위가 늘어났다. 살아 있는 것 자체로 행복했고, 노력만 한다면 무엇이라도 할 수 있다는 것에 대해 감사했다. 감사는 감사를 낳고, 짜증은 짜증을 낳는다.

"하늘에게 행복을 달라고 했더니 감사를 배우라 했다."

우리는 살아가면서 구하기만 한다. 하지만 곰곰이 생각해보면 받은 것이 너무 많다. 태어나면서 선천적으로 아픈 사람도 있고, 태어나면서 전쟁이 일어나고 있는 곳도 있다. 빈곤도 상대적 빈곤이지, 절대적 빈곤이란 없다. 아프리카에는 수돗물이 없어 멀리까지 걸어가서 우물을 물통에 담아 식수로 사용하는 곳도 있고, 물이 없어 흙탕물을 식수로 사용해 아이들에게 피부병이 생기는 경우도 많다. 이러한 나라에 비하면 우리나라는 매우 부유한 편이다. 생각하기 나름이고, 마음먹기에 달렸다. 실천하고 행동하면 된다. 안 될 것이 없다.

지금부터 하루에 7개 'Seven a day'를 작성하자.

"항상 기뻐하라. 쉬지 말고 기도하라. 범사에 감사하라."

# 5

# 친절을 실천하면
# 행복이 찾아온다

친절하다는 것은 무엇일까? 친절하다는 것은 고객이나 서비스를 받는 입장에서 느끼는 감정이 만족스러운 것을 말한다. 서비스를 받는 입장에서 서비스 수준이 낮으면 만족스럽지 못하다. 타이어 교체를 위해 회사 인근 타이어 전문점에 방문했다. 타이어 대리점 사무실 벽면에 사훈이 걸려 있었다.

"웃지 않으려면 출근하지 마라."

인상적인 문구라 젊은 사장님과 몇 마디 대화를 나누었다. 나이에 비해 서비스 정신이 충만했으며 긍정적 사고로 뭉쳐 있었다. 사훈 옆에는 매장 운영 목표와 개인 목표까지 걸려 있었는데, 이 글귀를 보는 고객들은 모두 신뢰도가 높이 상승할 것 같았다.

회사 목표는 '타이어는 차량 가격의 1/70이지만, 안전은 70% 이상을 담당합니다'라고 적혀 있었다. 직업정신과 회사의 목표가 어느 정도인지 짐작할 수 있는 문구였다. 이는 자기가 담당하고 있는 일에 대한 전문가 정신과 소비자에 대한 회사의 역할을 알 수 있었다. 대화하던 중, 젊은 20대 중반의 사장님 개인 목표가 기억에 남는다.

'엄마 용돈 매월 1,000만 원 드리기'라고 적혀 있었는데, 여러 가지 목표 중 가장 기억에 남는 개인 목표였으며, 자녀를 키우는 부모 입장에서 은근히 부러웠다.

친절하기 위해서는 구체적으로 세 가지를 충족시켜야 한다.

### 첫 번째, 상냥하라.

상냥하다는 것은 서비스를 받는 입장에서 존대를 받는 느낌이 들어야 한다. 대표적인 예로 '말의 표현'이 적절해야 한다. 즉 말의 톤(tone)이나 강약 조절이 적절하지 않다면 불친절하게 느껴질 것이다.

또한, 신체에서 나오는 움직임이나 행동이 적절하다면 친절한 것이다. 예를 들어 고객이 방문할 때 고객 유형과 상황에 적절하게, 언어적 행동과 신체적 움직임을 취해야 한다. 대부분 언어는 부드럽게, 인사는 깍듯하게 하면 적절한 행동이다.

필자는 얼마 전 허리가 아파 집 근처 정형외과에 진료를 받으러 갔다. 의사 선생님과 간단한 상담 후 엑스레이 촬영을 했다. 그런데 촬영실에 들어갔는데 엑스레이 촬영하시는 분이 간단한 행동임에도 자세히 설명하지 않고 명령조로 "이리 돌아라, 저리 돌아라" 하고 지시를 했다. 정확하게 잘 알아듣지 못했기 때문에 필자가 하는 행동이 촬영기사가 원하는 것과 맞지 않았는지 다소 짜증 섞인 목소리로 다시 필자에게 말했다. 필자는 불쾌한 기분이 들었다. 웬만하면 참는 성향이지만, 불쾌한 감정이 계속 남아 인터넷에 좋지 않은 리뷰를 올릴까 생각도 했다. 하지만 한번 보고 말지 하고 생각해 그냥 참고 넘어갔다. 하지만 두 번다시 그 병원에 가고 싶지 않았다. 이처럼 말의 온도는 온화하고 쉽게 설명해야 친절한 것이다.

### 두 번째, 리액션(reaction)을 적절하게 하라.

리액션은 어떠한 행위에 대한 적절한 반응을 말한다. 고객이 질문을 했을 때 직원이 응답하지 않거나, 부적절한 반응을 해서는 친절하지 못한 것이다. 하루는 업무 관계로 관련 부서에 전화를 했다. 직원은 불친절하게 전화를 응대한 것은 아니지만 낮은 목소리로 간단하게 답했다. 리액션이 조금만 더 적극적이었으면 좋았을 것 같다는 아쉬움이 남았다. 또 한번은 노트북이 필요해 집 근처에 있는 전자제품 판매점에 방문해 몇 가지 질문을 했다. 가격이 생각보다 비싸 여러 가지 종류의 질문을 했다. 그러자 딱 그 부분만 답했다. 조금만 더 자세하게 적극적으로 설명해주었으면 좋았을 것이다.

### 세 번째, 도와주려고 마음먹었을 때는 깔끔하게 도와주어라.

사람은 살아가면서 도와주기도 하고, 도움을 받기도 한다. 도움을 요청했을 경우, 상대방이 미온적인 태도로 반응하거나, 깔끔하게 도와주지 않았을 경우, 도움을 요청한 사람은 누군가에게 또다시 도움을 요청해야 하는 불편한 경우가 발생한다. 누구나 갑과 을이 뒤바뀔 수 있다. 영원한 갑과 영원한 을은 없다. 어중간하게 도와주면 친절한 느낌이 들지 않는다. 도와주기로 마음먹었다면 깔끔하게 처리해주는 것이 좋다. 도움을 주는 자체가 귀찮게 느껴지는 것은 당연하다. 하지만 친절을 베풀게 되면 보람과 행복감이 다가올 것이다. 행복은 받을 때도 오지만, 무엇인가를 줄 때 더 많은 행복이 몰려온다.

▲ 타이어 전문점 벽면에 걸린 좋은 글들

# 예의를 지키는 것은
# 즐거운 일이다

    우리나라는 고래(古來)로 예(禮)를 중요하게 여겨왔다. 사회 생활을 하다 보면 예가 얼마나 중요한지 깨닫게 된다. 직위 고하를 막론하고 나이가 많고 적음을 떠나서 지켜야 할 행동거지(行動擧止)가 있다. 필자가 직장 생활을 하면서 경험한 예절에 관해 이야기하려고 한다.

    업무차 방문한 곳이 있었는데 사무소장님께 인사를 드리고 직원들과 인사를 나누었다. 인사를 나눈 직원 중에는 예전부터 알고 지낸 직원이 있었는데, 그 직원은 나이가 많은 사람에게는 형님이라는 호칭을 사용하는 경향이 있었다. 직장 내에서 형님이라는 호칭을 사용하는 것은 양날의 칼이라고 생각된다. 물론 사적인 관계에 있을 때는 어떤 표현을 사용해도 상관없다. 하지만 공식적인 직장 생활에서는 형님이라는 호칭은 적절하지 않다고 생각된다.

　설상가상으로 그 직원은 자신보다 직급과 나이가 많은 사람에게 이 양반, 저 양반이라는 표현을 사용하기까지 했다. 말하는 사람 입장에서는 친하다고 생각해서 별 생각 없이 말한 것이겠지만, 듣는 사람 입장에서는 기분이 썩 좋지 않을뿐더러 그 직원의 이미지가 좋지 않게 남아 있을 것이다.

## 존대는 예의를 지키는 가장 적절한 방법이다

　직장 생활을 하다 보면 여러 가지 이유로 부서 간 회의를 하거나 교류할 경우가 있다. 그런데 직원 간 통성명을 하지 않은 경우에는 서로 말조심해야 한다. 나이를 정확히 알지 못하는 경우에는 존대하는 것이 바람직하다. 사람에 따라서 동안으로 보일 수도 있고, 노안으로 보일 수도 있기 때문이다. 그보다 더 중요한 것은 나이가 어리다고 반말하는 것은 큰 실례다. 공식적인 조직에서는 직급에 맞는 호칭을 사용하는 것이 바람직하다. 친해졌다고 사적인 호칭을 사용하는 것은 결코 바람직하지 않다.

　나이가 어린 사람이 직급이 높다고 해서 나이가 많은 아랫사람에게

함부로 말해서도 안 된다. 직급이 높은 것이지, 인생의 선배는 아니기 때문이다. 이와 반대로 직급이 높은 사람에게 직급이 낮은 사람이 나이가 많다고 해서 말을 짧게 하는 경우도 있다. 이 역시 적절하지 않다. 만일 그러한 경우가 발생한다면 조직체계가 무너질 수 있다. 그런 경우에는 나이 어린 상사가 정색하고 바로잡아야 한다. 직장은 사적인 조직이 아니기 때문이다.

가장 바람직한 것은 서로 존대하는 것이다. 호칭만 존대하라는 뜻이 아니다. 표정과 행동, 몸짓 등 사람으로부터 발산되는 모든 행동거지를 말한다. 반말을 한다고 친한 것은 아니다. 존대한다고 해서 친하지 않은 것도 아니다. 조직에서는 적절한 표현과 호칭을 사용해야 한다. 호칭과 표현을 항상 조심한다면 오해는 절대 발생하지 않을 것이다. 예의를 갖추는 것은 상대방을 즐겁게 하고 보람을 느끼게 한다.

식당에서 식사 후 계산만 하고 식당 문을 나선다면 너무 삭막하게 느껴진다. 하지만 밥값을 계산하면서 맛있었다고 한마디만 표현한다면 식당 사장님은 기분이 좋아 입꼬리가 올라갈 것이 틀림없다. 별것 아니지만 말 한마디로 보람이 느껴질 것이며, 훨씬 더 열심히 노력하게 될 것이다. 간단한 커피 한잔이라도 누군가로부터 받을 때 감사 표시를 한다면 커피를 산 사람은 보람을 느낄 것이다. 이것이 예다. 예의를 지키는 것은 상대방을 즐겁게 한다. 칭찬은 고래도 춤추게 한다고 하지 않았던가?

예의는 스케일이 큰 행위가 아니다. 상황이 닥칠 때마다 기본적으로 지켜야 할 행동이다. 조금만 절제하고 배려한다면 모두가 즐거워질 것이다.

예의를 지켜라! 기쁨이 찾아온다!

# 7

# 디딤돌이 될 것인가?
# 걸림돌이 될 것인가?

걸림돌은 사람이 길을 건널 때 발에 걸려서 넘어질 위험이 있는 걷는 데 방해가 되는 돌이다. 반대로 디딤돌은 시냇물이나 강물을 건너기 위해서 밟고 건너가게 도움을 주는 기능을 하는 돌이다.

돌을 사람에 비유하면, 디딤돌 같은 사람은 자기를 희생해 주변 사람에게 도움을 주는 사람이고, 걸림돌 같은 사람은 주변 사람을 방해해 피해를 주는 사람을 말한다. 우리 주변에는 걸림돌 같은 사람도 있고, 디딤돌 같은 사람도 있다.

# 당신은 어떤 사람이 되고 싶은가?

두말할 나위도 없이 디딤돌 같은 사람이 되고 싶을 것이다. 하지만 자기 의지와 상관없이 걸림돌이 되는 사람이 있다. 오로지 자신만을 위해서 사는 사람이다. 배려심이 없으며, 상처를 주는 말을 하는 사람이다.

당신은 어떤 사람이 되고 싶은가? 우리는 디딤돌 같은 사람이 되어야 한다.

디딤돌 같은 사람이 되기 위해서는 어떻게 해야 할까?

### 첫 번째, 희생정신을 가져야 한다.

희생정신을 가진 사람은 선택권을 다른 사람에게 주고 남아 있는 것을 자신이 선택한다. 누가 보더라도 손해 보는 것처럼 보이지만, 결국은 손해가 아니라 이익으로 돌아오게 된다.

### 두 번째, 위로와 힘이 되는 사람이다.

말을 할 때 힘이 되어주는 말을 한다. 상대방을 배려함으로써 도움을 주고, 힘들어할 때 힘이 되어주고, 기뻐할 때 같이 기뻐한다. 슬픔을 나누면 절반이 되고, 기쁨을 나누면 두 배가 된다.

같이 있을 때 좋은 사람이 있고, 당시에는 몰랐지만 헤어지고 나서 '좋은 사람이었구나' 하고 생각나는 사람이 있다. 반대로 그때 당시에는 친했다고 생각했지만 지금 생각하면 아닌 사람도 있다. 사람에게 너무 기대하면 실망이 찾아오기 마련이다. 하지만 자신이 주체가 되어 열심히 하면 된다. 그렇게 하면 사람이 찾아온다. 걱정하지 마라. 당신만의 일을 묵묵히 하라. 자연히 디딤돌 같은 사람이 되어 있을 것이다.

PART

4

---------

# 행복해지고
# 싶다면 루틴의
# 삶을 살아라

---------

# ① 

# 큰 인생과 좁은 인생,
# 어느 쪽을 택할 것인가?

사람은 사회 생활을 하면서 자기만의 독특한 생각과 가치관이 형성된다. 가치관과 성품은 어렸을 때 형성되는 경우도 있지만, 성장하면서 여러 가지의 영향을 받고 바뀌기도 한다.

여러분은 '큰 인생과 좁은 인생 중 어느 삶을 택할 것인가?'라는 질문에 대부분 '큰 인생을 살고 싶다'라고 답변할 것이다. 하지만 큰 인생과 좁은 인생의 의미를 자세히 정의한다면 생각보다 많은 사람이 좁은 인생으로 선택을 바꿀 수도 있다.

왜냐하면 큰 인생은 희생과 양보라는 개념이 항상 동반되기 때문이다. 반대로 좁은 인생은 항상 자기중심의 틀에서 벗어나지 못한다. 사회 생활을 30년 가까이 해보니 모든 조직과 사회에서 문제가 발생하는 것은 '자기의 이익은 조금 더 많이', '고생은 조금 덜 하려고 하는 마음', 다시 말하면 '영광에는 칠면조, 희생에는 자라목'이라는 격언과 같은 자세에서 비롯된다.

필자가 회사 교육원에 근무한 지 얼마 되지 않아 사무소장으로 모시던 교육원장님의 가르침이 '큰 사람' 마인드를 정착시키는 데 인상적으로 마음속에 다가왔다. 핵심은 '선택권을 다른 사람에게 먼저 주라'는 것이었다. 그리고 마지막에 남아 있는 것을 자신이 선택하면 되는 것이었다. 게임 오버! 이것은 모든 문제를 해결할 수 있는 최고의 방법이며, 서로에게 양보를 할 수 있게 하는 탁월한 방법이다. 한번 해보라! 여러분들에게 성인(聖人)이 될 기회를 제공할 것이다. 막상 해보면 크게 차이 나지 않는다. 긍정적으로 생각하면 조금 더 많이 함으로써 자신의 능력이 향상될 좋은 기회가 생긴다. 정말 좋은 선택이 아닌가?

## 선택권을 다른 사람에게 주었을 때 일어난 반전!

회사 교육원에 근무할 당시, 원장님께서 아침 7시에 1시간 떨어진 곳에 출장을 가서 강의해줄 지원자가 있는지 교수들에게 물어왔다. 다른 지원자가 있는지 지켜보고 아무도 지원자가 없는 것을 확인 후 필자가 지원했다. 선택권을 먼저 주었지만 아무도 지원하지 않았기에 손을 들었다. 아침 7시에 강의 장소에 도착하려면 새벽 5시에 준비해서 출발해야 하고, 월요일이라 차도 많이 정체되기 때문에 모두가 꺼리는 상황이었다.

필자는 다른 사람에게 선택권을 먼저 주고 아무도 지원자가 없기에 지원을 했다. '영광에는 칠면조, 희생에는 자라목'과 반대로 행동한 것이 스스로 기뻤고 가슴이 따뜻했다. 그런데 이게 웬일인가? 교육을 받는 기관 측에서 아침 7시까지 직원들이 교육 장소에 출근하기가 쉽지 않아, 저녁 시간으로 바꾸자는 요청이 왔다는 것이다.

분위기가 역전되었다. 강사를 한번 결정한 것을 바꿀 수는 없는 노릇이었다. 자연스럽게 저녁에 강의를 하고 돌아왔다. 역시 '하늘은 스스로 돕는 자를 돕는다'라고 했던가. '선택권을 다른 사람에게 먼저 주고 나머지를 너 자신이 해라'라는 원장님의 말씀을 체험하고 보다 큰 인생으로 향상되는 순간이었다. 만약 아무도 지원자가 없었다면 분위기가 좋지 않았을지도 모른다. '선택권을 다른 사람에게 먼저 주라'는 교훈, 정말 고생은 좀 되지만 인류 평화, 아니 조직의 안정과 발전은 물론이요, 자신의 인생이 큰 차원으로 발전하는 최고의 비법이라고 생각한다.

큰 생각을 하면 큰 행동을 하게 되고, 큰 행동을 하면 큰 습관이 형성된다. 큰 습관이 형성되면 큰 성격이 만들어지고, 큰 성격은 운명을 좌우한다. 인간의 운명을 좌우하는 것의 근본은 '어떠한 생각을 가지는

가'이다. 사람은 보는 대로 생각한다. 정신건강에 좋지 못한 것은 아예 보지 않는 것이 좋다. 자녀가 대학 입학시험을 준비하는 동안은 아이는 물론, 가족 모두가 기도하는 마음과 정결한 마음으로 생각하고 행동한다. 왜냐하면 조금이라도 좋지 못한 생각과 행동으로 혹시라도 자녀의 대학 입학시험이 잘못될 수도 있다고 생각하기 때문이다. 어떠한 가치관과 태도를 가지느냐에 따라 운명이 결정된다는 사실은 누구도 부인할 수 없을 것이다.

큰 생각을 가지기 위해서는 고전과 좋은 책을 읽어야 하고, 좋은 말씀을 듣고 바른 행동을 해야 하며, 반듯한 생각을 가지고 더욱 큰 행동을 해야 한다.

# 2

# 보문호수가 맺어준 인연

경주 보문호수 한 바퀴는 약 7.5km이며, 회사 교육원에서 뛰어서 한 바퀴 달리는 데는 약 50분이 소요된다. 경주 보문호수 인근에 있는 회사 교육원에서 5년간 근무하면서 아침마다 러닝을 했다. 대략 6시경에 출발해 한 바퀴를 돌았다. 특별한 경우를 제외하고 매일 달리는 루틴의 삶을 살았다. 계절과 관계없이 반팔과 반바지 운동복 차림으로 달린다. 3월에서 11월까지는 땀이 많이 흘러 한 바퀴 달린 후에는 온몸이 땀으로 젖게 된다. 겨울에도 대부분 반팔 차림으로 달리는 경우가 대부분이다. 손과 팔은 동태가 될 정도로 얼어 있지만, 몸통은 내부에서 열이 오르기 시작해 땀이 많이 흘러내린다.

# 보문호수를 산책하는 93세 어르신과의 인연

3월 하순에서 4월 초순, 보문호수는 벚꽃으로 단장한다. 벚꽃 터널이 될 정도로 경주 전체가 벚꽃으로 덮여 있다. 벚꽃 시즌의 새벽은 달리기에 안성맞춤이다. 어느 날, 여느 때와 마찬가지로 경주 보문호수를 달리고 있는데, 어떤 노부부가 지팡이를 짚고 산책하고 있었다. 러닝을 할 때 러닝하는 사람끼리 마주치게 되면 으레 간단한 인사를 하거나 파이팅을 외치면서 지나친다. 어르신에게 간단한 인사를 하고 지나쳤는데, 그분은 다음 날도 그다음 날도 산책하셨다. 3번째 마주쳤을 때는 나도 모르게 어르신 앞으로 발길이 옮겨져 인사를 건넸다. 어르신의 연세는 93세이셨다. 저절로 허리가 굽혀졌고 존경스러움에 얼굴을 응시하게 되었다. 그 어르신은 어린 나이에 일본으로 건너가 유학을 하신 후, 오랫동안 의료계에 몸을 담으셨다고 한다. 현재는 경주의 유서 깊은 곳에 살고 계셨다.

그 이후 아침에 러닝할 때마다 마주치게 되면 인사를 했으며, 명절에는 직접 어르신 집에 방문하기도 하는 등 오랫동안 알고 지낸 관계처럼 지내게 되었다. 어르신은 많은 연세에도 불구하고, 변함없이 항상 운동을 하셨다. 어르신 걸음걸이로 보문호수를 한 바퀴 돌려면 적어도 2시간 이상이 소요된다. 어르신과 친분이 생긴 이후, 자녀분들과도 친분이 생겨, 가족 모두와 식사 자리를 가진 적도 있었다. 어르신이 고령임에도 운동하는 것을 보고, 존경의 마음이 들어 인사를 한 것이 긴 인연으로 이어진 것이다.

지금은 필자의 근무 장소가 바뀌어 자주 뵙지 못하지만, 가끔 경주에 방문하게 되면 연락해서 안부를 묻거나, 인사를 드린다. 어르신의 건강을 기원한다.

▲ 93세 어르신과 함께

# 길 안내가 큰 도움이 되었을 줄이야!

여느 때처럼 새벽을 가로지르며 보문호수를 달리고 있었다. 중간 정도를 달리고 있을 무렵, 80세 정도로 보이는 어르신은 달리고 있는 필자를 멈추게 한 후, 길을 물으셨다. 어머니 연세로 보이는 그 어르신은 서울에 살고 계셨고, 1년에 한 번 정도 경주에 여행을 온다고 하셨다.

길 안내를 도와주고 기념으로 사진까지 찍어주고 헤어졌는데, 한 해가 저물고 1년이 지난 시점에 어르신으로부터 전화가 왔다. 어르신은 길 안내를 도와주었던 것이 마음에 남아 전화를 했다는 것이었다. 큰 도움도 아닌데 1년이 지난 시점에 전화까지 해서 식사를 하자고 해서 굉장히 놀랐다. 필자 입장에서는 서울에서 지방까지 와서 식사를 대접하겠다고 하니, 감사한 일이지만 그렇게까지 하기에는 너무 부담스러워 마음만 고맙게 받겠다고 인사했다.

대단한 일이 아닐지라도 누군가에게는 가슴에 남을 정도로 고마운 일이 될 수 있다.

## 플로깅(flogging)을 알게 되다

보문호수는 산책하거나 러닝하는 사람이 대부분인데, 어느 날, 비닐

봉지와 집게를 들고 쓰레기를 주우면서 보문호수를 산책하고 있는 분을 보았다. 특이하게 생각되었지만 늘 하던 대로 인사하고 지나쳤다. 그런데 조깅할 때마다 가끔 마주쳤고 그분은 꾸준히 산책하면서 쓰레기를 주우셨다. 몸속에서 존경심이 샘솟았다. 그 이후로도 러닝을 하면서 자주 마주치다 보니 조금씩 친분이 생겨 어떠한 일을 하시는 분인지 알게 되었다. 그분은 필자에게 자기가 일하는 곳에 차(茶) 한잔하러 오라고 하셨다.

한참 지나 필자는 다른 곳에 발령이 나서 이동하게 되었는데, 이동하기 전에 작별 인사를 드리기 위해 처음이자 마지막으로 그분에게 방문하게 되었다. 이야기를 나누다 보니 자연을 사랑하는 마음이 넘치는 멋진 분이셨다. 조깅하면서 쓰레기를 줍는 운동을 플로깅(flogging)이라 하는데, 이 운동이 전 세계적으로 일어나고 있다는 사실도 알게 되었다.

누구나 위대한 일이 무엇인지 알고 있다. 하지만 알고 있는 차원에서 머무르는 것이 아니라 위대한 일을 실천할 때 위대한 사람이 된다고 생각한다.

위대한 사람은 누구나 될 수 있으나, 아무나 될 수 없다.

# 요리하라!
# 작은 행복이 기다리고 있다

요즘 TV를 보면 요리 프로그램이 굉장히 많다. 특히 외국에서 식당을 빌려 외국인들에게 음식을 판매하는 프로그램이나, 외국을 순회하면서 학교나 단체에 급식을 만들어 제공하는 급식 프로그램이 재미있어 그 시간이 기다려진다. 왠지 모르게 나 자신이 출연진이라도 된 것처럼 긴장되기도 하고, 감정 이입되어 실수라도 하게 되면 가슴이 초조해진다. 요리 프로그램 중 출연진이 각자의 집에서 준비한 음식 재료와 레시피로 요리하는 과정을 보여주는 프로그램도 즐겨 보고 있다.

어느 날, 요리 TV 프로그램에서 연예인이 직접 만든 레시피로 요리하는 것을 보고, 필자는 갑자기 요리를 해봐야겠다는 생각이 들었다. 레시피는 그리 어렵지 않았다. 마트에 가서 재료를 구입하고 직접 요리를 시도해보았다.

첫 번째 요리는 양념치킨이었다. 아내의 도움을 조금 받아 만들어보았다. 마트에서 구입한 닭을 프라이팬에 먼저 익힌 후, 굴 소스, 파, 소금 등의 음식 재료를 넣고 일정 시간 익힌 후 완성된 양념치킨을 가족들에게 보여주었다. 비주얼은 합격이었으나 맛은 생각보다 짜게 느껴졌다. 하지만 아내와 딸은 맛있다고 리액션을 해주어 나름 기분이 좋았다. 필자가 생각하기에는 높은 점수를 줄 수는 없지만, 요리를 완성했다는 뿌듯함이라는 수확을 얻었다.

요리를 한번 완성해보니 일주일 후에 다른 요리를 시도하고 싶어져서 냄비 수육 만들기에 도전해보았다. 돼지고기 등 음식 재료가 생각보다 비싸지 않았다. TV 프로그램을 따라 했지만, 생각만큼 쉽게 되지 않았다. 시간도 생각보다 많이 소요되었고, 얼굴에 땀방울이 맺히기도 했다. 우여곡절 끝에 냄비 수육을 완성해 가족들에게 맛을 보여주었다. 땀방울을 흘릴 정도로 쉽지 않은 요리 만들기였으나 가족들이 즐거워하는 모습을 보니 일주일에 한 번 정도는 아빠가 요리하는 시간을 가져야겠다는 생각이 들었다.

지금도 주말이 되면 TV 프로그램이나 유튜브를 참고해 요리를 한다. 잘 만들지는 못하지만 요리하는 남자는 멋있다. 아빠의 요리는 가정을 화목하게 만드는 원동력이 된다. 그리고 도전하고 노력하는 모습 자체로 아름답게 보인다. 행복은 먼 곳에 있지 않다. 세상을 긍정적으로 보면 모든 것이 아름답다.

남자들이여, 요리하라! 잔잔한 행복이 밀려온다!

▲ 주말에 해준 삼겹살 요리

# 4

# 성장의 비밀

　중국 북동부 지역에는 모소 대나무가 자란다. 모소 대나무는 4년 동안 땅 위로 겨우 3cm밖에 자라지 않는다. 4년 동안 땅 위로 아무것도 올라오지 않는 것이다. 하지만 5년째에는 놀라운 일들이 일어난다. 4년 동안 자라지 않던 대나무가 하루에 30cm 이상 자라고, 6주 동안 15m에서 20m 이상 자라는 것이다. 엄청난 속도다. 겉으로 보기에는 4년 동안 3cm밖에 자라지 않지만, 땅속에서는 경이로운 일이 일어날 준비를 한 것이다. 즉, 오랫동안 성장을 위한 기초 작업을 한 것이다. 결코 서두르는 법이 없다. 그렇게 5년째에 경이로운 성장을 하게 된다.

　인간도 큰 사람이 되기 위해서는 어릴 때는 드러나기보다는 성장에 중점을 두어야 한다. 정신적 성장에 도움이 되는 책도 많이 읽고, 건강한 육체를 위해 운동도 많이 해야 하며, 주변에 좋은 벗을 둔다면 더할 나위 없이 훌륭한 사람으로서의 기초소양을 갖출 수 있게 될 것이다.

요즘 많은 사람들이 오로지 좋은 대학에 진학하기 위해 초등학교 시절부터 많은 돈과 에너지를 투입하고 있다. 훗날 자녀의 출세와 명예를 위해서만 노력할 뿐이다. 안타까운 현실이다. 뿌리가 중요하다. 사람도 하체를 단련하면 건강하듯 기초를 튼튼하게 만드는 노력을 해야 한다. 과학도 기초학문이 중요하며 기초학문을 다져야 응용과학도 발전한다.

세계적으로 뛰어난 운동선수들도 어린 시절에 기초를 잘 다졌기 때문에 훌륭한 운동선수로 성장한 것이다. 어른이 되어 기초를 다지기란 쉽지 않다. 언어도 마찬가지다. 인간에게는 언어 습득 장치(Language Acquisition Device, LAD)가 있다. 언어 습득 장치는 나이가 어릴수록 잘 습득되는 효과가 있어, 13세 이전에 언어를 습득하면 원어민처럼 발음할 수 있다. 그래서 기초가 중요하다.

## 경제 성장과 모소 대나무의 상관관계

128년의 역사를 자랑하는 다우지수는 1896년 5월 26일 지수 1에서 시작해 10,000까지 도달하는 데 103년(1999년 3월)이 소요되었고, 10,000에서 20,000으로 상승하는 데 17년(2017년 1월)이 소요되었으며, 20,000에서 30,000에 도달하는 데 3년 10개월(2020년 11월)이 걸렸다. 다우지수는 2023년 12월 1일 기준 35,245를 나타내고 있다. 3만에서 4만으로 상승하는 데 얼마의 시간이 소요될까? 아무도 단정하지 못하지만, 얼마 되지 않아 지수 4만에 도달할 것으로 추측된다.

미국의 3대 지수 중 하나인 S&P500 지수는 시작 연도인 1926년에 시작해 2023년 12월 1일 기준 4,594를 나타내고 있다. 나스닥 지수도 마찬가지다. 1971년 2월 8일 기술주 중심으로 시작한 나스닥은 53년이 지난 2023년 12월 1일 기준 14,305의 지수를 나타낸다. 무려 52년 동안 엄청난 수치로 상승했다.

▲ 다우지수 100년 역사　　　　　　　　출처 : https://www.marketwatch.com

그런데 미국의 3대 지수가 계속해서 우상향을 나타내지는 않았다. 초기에는 모소 대나무처럼 변동이 거의 없이 천천히 우상향을 보였다. 다우지수는 무려 100년 동안 뿌리를 내리는 작업을 했다. 우상향이기는 하지만, 인식하지 못할 정도로 아주 천천히 상승했다.

## 성장기에 거름을 아끼지 마라

인간도 마찬가지다. 세상에 드러나지 않는 기간인 유년기에서 청년기까지는 성장에 집중해야 한다. 성장해야 할 시기에 다른 곳에 관심을 가진다면 올바른 성장을 할 수가 없다. 인간은 대략 30세까지 성장기, 60세까지 장성기, 60세 이후를 쇠퇴기로 나눈다. 성장기인 30세까지는 오로지 성장에 모든 힘을 쏟아야 한다. 정신적으로 성장해야 하고, 육체적으로 강건해야 한다. 그러기 위해서는 어떻게 해야 할까? 정답은 모두가 알고 있을 것이다. 실천을 못 하고 있을 뿐이다. 스포츠, 학문, 예술, 종교 등 모든 분야가 성장기에 거름을 아끼지 말아야 한다. 어른이 되고 난 뒤에는 성장하기 어렵기 때문이다. 시기가 중요하다.

인생을 오랫동안 살아온 현자(賢者)들은 한결같이 말한다.

"싹이 트고 성장할 때 퇴비를 아끼지 마라."

변하지 않는 진리다. 청소년기(期)에 건전하지 못한 것에 영향을 받게 되면 올바른 성장을 하지 못하게 되며, 나중에 영원히 후회하게 될지도 모른다. 성장기에 올바르게 성장하기 위해서는 좋은 환경을 만들려고 끊임없이 노력해야 한다.

대한민국 1세대 포크 가수인 송창식 씨는 75세의 나이에도 하루 40분 이상을 매일같이 기타 연습을 한다고 한다. 평생을 기타와 함께 살아온 레전드 가수도 매일 빠지지 않고 기타 연습을 하는데, 각 분야를 살아가는 모든 사람은 자기가 하는 일에 끊임없이 연습하고 노력해야 함이 마땅하다.

# 5

# 해피 바이러스를 전파하라

"No Smoking! No Achol! Clean body! Six-pack! Happy face!"

필자가 자기소개를 할 때 사용하는 소개 멘트다. 유머를 가미한 짧지만 강렬한 문구다. 영어로 소개하니 간단하지만, 무슨 말인지 다시 물어보는 사람이 있다. 필자가 천천히 다시 말하면, 대부분 미소를 짓거나, 필자의 배를 보면서 "식스팩은 아닌데?"라고 말한다.

필자는 노스모킹(no smoking), 노알콜(no achol), 클린바디(clean body), 해피페이스(happy face)를 실천하며 살아가고 있다. 우스운 이야기지만, 식스팩(six-pack)은 아무리 해도 잘 만들어지지 않는다. 필자가 이렇게 소개하는 것은 캐릭터 특성을 강하게 남기려는 의도는 물론, 분위기를 부드럽게 상승시키고 주변 사람에게 웃음을 주는 효과가 있기 때문이다.

필자는 출근 전에 거울을 보고 "오늘도 파이팅! 오늘도 즐겁게 살자!"라고 큰 소리로 외치면서 미소와 함께 하루를 시작한다. 그리고 출근할 때는 직장 사람들에게 모두가 들릴 만한 큰 소리로 "안녕하십니까" 또는 "반갑습니다" 하고 인사한다. 이렇게 인사하는 것은 이 인사를 통해 많은 사람에게 밝은 에너지가 전달되기 때문이다. 짧은 인사지만 인사를 듣는 사람들에게는 해피 바이러스가 전달된다.

아침 운동을 하고 땀을 뻘뻘 흘리면서 필자가 근무하는 곳으로 들어오면, 청소를 담당하는 미화 여사님들이 청소 전후에 간단한 티타임을 하고 있다. 필자는 장난기 있는 행동으로 인사를 하고 짧은 대화를 한다. 그냥 지나칠 수도 있지만, 잠깐의 인사로 밝은 에너지를 전달하는 효과가 있기 때문에 인사를 한 후 오늘도 즐거운 하루가 되시라고 외치면서 자리를 떠난다. 짧은 인사와 짧은 대화지만 미화 여사님들에게는 즐거운 하루를 시작하는 해피 바이러스가 전달될 것이다.

하루의 시작이 즐거우니 가는 곳마다 만나는 사람마다 즐겁게 인사한다. 밝은 에너지가 상대방으로부터 반사되어 나에게 다시 돌아온다. 발걸음은 자연히 힘차게 된다. 이러한 현상이 에너지의 이동 원리다. 이렇게 해피 바이러스가 온 천지(天地)에 넘쳐나게 된다.

## 커피 한잔으로 해피 바이러스를 전파하다

10여 년 전, 금융영업점에서 근무할 때다. 주변에 인프라가 많이 갖춰지지 않은 영업점이었는데, 출근 전 근처에 있는 편의점에서 일주일에 1회 정도 직원 수에 맞춰 커피를 구입 후 직원들에게 돌린 기억이 있다. 커피를 직접 타서 직원에게 건네니 직원들의 분위기가 한결 좋아졌다. 직원 간 관계성도 훨씬 좋아지고 일할 때도 벽이 사라진 느낌이 들었다. 커피 한 봉지에 1,000원 정도니 대략 1만 원 남짓 들었다. 커피 한잔 돌리는 것이 대단히 큰일은 아니지만, 작은 커피 한잔이 내가 속해 있는 직장 사람들에게 작은 웃음과 즐거움을 준 것이다. 커피 한잔으로 전파한 해피 바이러스다. 그때를 생각하면 입가에 미소가 절로 나온다.

사람이 항상 기분이 좋을 수는 없다. 하지만 언제든 기분과 컨디션을 좋은 상태로 유지하려고 노력해야 한다. 기본은 자신의 마음에서 출발한다. 이는 변하지 않는 루틴에서 출발한다. 항상 우물에서 물이 샘솟듯 기본 루틴을 장착해야 한다.

## 인생 전체가 해피 바이러스가 되어라!

변하지 않는 루틴이란 무엇일까? 누군가에게는 기도가 되고, 또 누군가에게는 운동이 되고, 또 다른 누군가에게는 학문과 경제 활동이 될 것이다. 계획한 대로 실천하다 보면 습관이 되고, 습관은 자신의 인격이 된다. 그럼 언제 어디서든 즐겁고 행복하게 된다. 억지로 행복한 것이 아니라 생활 자체가 즐겁게 되는 것이다. 인간의 뇌는 우수하면서도 꽤 단순하다고 한다. 의도적인 웃음도 인간의 뇌는 단순해서 진짜 즐거워서 웃는 것으로 인식한다고 한다. 그래서 자주 거짓으로라도 웃어야 한다. 어려움과 갈등이 없는 사람이 어디 있으랴? 기분이 태도가 되어서는 안 된다.

해피 바이러스를 전파하라! 어디를 가든지, 자신을 위해, 바로 지금!

# 6

# 운동은 육체를 깨우고 독서는 정신을 깨운다

운동에는 여러 가지 장점이 있다. 무엇보다도 육체가 살아 움직이는 느낌을 받는다. 운동을 하면 신진대사가 활발히 일어난다. 나이가 듦에 따라 뱃살이 나오고, 몸이 비대해지며, 내장비만 등 몸 전체가 비만으로 변해가기 마련인데, 살이 찐 사람이 운동을 통해 살이 빠지고 근육이 탄탄해지는 모습을 볼 때면 마치 예술품을 보는 것처럼 멋있게 느껴진다.

자기 적성과 체질에 맞는 운동은 어떤 것이든 관계없다. 일단 운동하라. 기분이 달라질 것이다. 땀을 흘려봐라. 기분이 상쾌해질 것이다. 힘이 넘치고, 보람이 느껴질 것이다. 움직여라! 그리고 몸이 힘들지라도 뛰어라! 당기고 밀고, 팔굽혀펴기 하라. 땀방울이 생길 것이다. 그러면 몸이 살아서 숨 쉬는 것처럼 변할 것이다. 몸이 잠자는 상태에서 깨어 있는 상태로 변하게 될 것이며, 가슴속에는 자신감과 희망이 넘칠 것이다.

## 독서는 망치로 때리듯 정신을 깨운다

몸이 깨어 있는 상태로 변한 후에는 정신을 깨워야 한다. 운동을 하면 정신을 차리게 하는 밑받침을 갖춘 것과 같다. 운동에 대한 자부심으로 무엇인가 더욱 열심히 해야겠다는 생각이 들게 된다. 운동과 연결되는 매개 수단으로 가장 좋은 것은 독서다. 독서가 필요한 것은 누구나 안다. 하지만 책을 접하게 되는 계기는 사람마다 다를 것이다. 그 계기를 만들어야 한다.

정신을 깨우기 위해서는 머릿속에 무엇인가 자극을 주어야 한다. 가장 좋은 방법은 좋은 책을 읽으면 된다. 지구촌에는 좋은 책들이 넘쳐난다. 한 권이라도 읽어보아라. 여러분의 머리와 가슴속에 불을 붙일 것이다. 한 권의 책을 저술하기 위해 저자는 자신이 경험하고 알고 있는 최고의 진액(엑기스)을 투입한다. 독서는 누군가의 노하우(knowhow)를 최단 시간에 얻을 수 있는 최고의 방법이다. 독서를 통해 정보만 얻는 것이 아니다. 독서에는 느슨해진 자의식을 다시금 깨우는 효과가 있다. 독서는 습관처럼 하는 것이 좋다. 안중근 의사의 독서에 대한 중요성을 표현한 글은 너무나 유명하다.

"一日不讀書 口中生荊棘(일일부독서 구중생형극, 하루라도 책을 읽지 않으면 입 안에 가시가 돋는다)."

안중근 의사의 정신을 따라갈 수는 없지만, 독서를 하게 되면 나 자신이 알고 있는 것이 턱없이 부족하다고 생각하게 되고, 책을 읽고 실천해야겠다는 생각이 불같이 타오를 것이다. 읽고 또 읽어라. 정신이 살아 숨 쉴 것이다.

## 글쓰기는 자신을 정립하고 영혼을 깨운다

초등학교 시절, 모두가 한 번쯤 일기를 써본 경험이 있을 것이다. 필자도 초등학교 시절 방학 숙제로 일기 쓰기가 있었기 때문에 일기를 썼다. 하지만 매일 쓰는 일기가 아니라 방학이 끝날 즈음 몰아치기로 쓰는 일기였다. 의미는 없었지만 억지로라도 일기를 쓰는 시간이었다. 쓰고 싶어서 일기를 쓴 것은 고등학교 시절이었다. 감수성이 풍부하고 문학적 감성도 발달한 시기라서 의미 있는 글쓰기 기간이었다. 지금은 일기장을 보관하고 있지 않지만, 일기장에 시(詩)를 지었던 기억이 있다.

지금의 글쓰기는 쓰고 싶어서 쓰는 글쓰기다. 생각을 정리하고 말을 하기 위한 글쓰기다. 현대인들은 정보가 넘쳐나는 시대에 살지만 자기 생각이 없는 시대에 살고 있기도 하다. 세상이 만든 사지선다형 생각에 하나를 선택할 뿐, 자기의 의견을 독립적으로 생성시켜 주장하기 어려운 시대에 살고 있다.

이러한 시대에 글을 쓰는 것은 대단히 큰 의미가 있다. 글을 쓰는 것은 자기 생각을 정립함으로써 주체적인 삶을 살아간다는 의미다. 신조어 중에 '선택 장애'라는 단어가 있다. 사실 모든 사람이 확실한 기준을 가지고 선택하는 것은 쉽지 않다. 어떻게 보면 모든 사람이 선택 장애다. 정보의 홍수 시대에 살고 있으며, 가치관이 다양하기 때문이다.

우선 글을 써보라. 자기의 일생이 주마등처럼 지나가고, 잘했던 일은 추억으로 느껴지고, 잘하지 못했던 일을 생각하면 비명을 지를 정도로 후회가 된다. 글을 쓰는 것은 성숙한 단계로 가는 길이며, 남들이 쉽게 하지 못하는 일이다. 글은 머리로 쓰는 것이 아니라 엉덩이로 쓰는 것이다. 하루 또는 일주일에 한 번은 글을 써보라. 자부심이 물밀듯이 몰려올 것이다.

글을 씀으로써 자기 생각이 정리되고, 인생을 살아가는 지표를 다시 생각하고 행동하게 된다. 글을 쓰는 것은 자신이 현재 그렇게 사는 것도 있지만, 미래에 지표로 삼아 살아보겠다는 다짐의 시간이기도 하다. 글을 써보라! 생각지도 못했던 잠재 능력이 드러나고, 영혼이 살아 있다는 느낌을 받을 것이며, 밝고 긍정적인 무엇인가가 떠오르게 된다. 이것이 글쓰기의 효력이며 의미다. 좋은 글이든 아니든 우선 써보라.

처음에는 만족스럽지 못하겠지만, 쓰다 보면 보완되고 점점 완성도가 높은 글로 변해가게 될 것이다.

# 감성이 없는
# 이성은 힘이 없다

"감성이 없는 이성은 힘이 없다. 감성이 있는 이성이 아름답다."

스탠퍼드 대학교 의대 이진형 교수가 말했다. 의사라는 직업을 예로 들면, '의료기술로 내가 사람을 살린다는 생각'은 감성이고, '이 기술은 훌륭하다'는 이성이다. 공감 가는 이야기다. 사람의 생명이 소중하기 때문에 사람을 살리는 것이다. 즉, 감성은 의미를 뜻하고 이성은 해결하기 위한 방법론을 뜻한다. 감성이라는 의미를 저변에 깔아놓은 상태에서 물질문명이라는 기술이 의미가 있다. 아무리 시대가 발전해도 변하지 않는 진리다.

# 루틴의 정석

# ① 

# 정체성과 원칙을 지켜라

인간은 성장하면서 자기만의 가치관을 형성한다. 가치관을 뚜렷하게 정립한 경우도 있지만, 세월이 지나면서 성인이 될 때까지 스스로 변화하거나 환경에 의해 영향을 받기도 한다. 미성년 시기에는 가치관이 정립되지 않아 학교 선생님이나 부모님, 책 등 여러 가지에 의해 영향을 받는다.

하지만 개인마다 목숨과도 바꾸지 않을 '무엇인가'가 있는데, 바로 '정체성'과 '스스로 정한 원칙'이다.

## 정체성을 지켜라!

정체성이란 자기에게 주어진 고유의 특성이다. 연필은 무엇인가를 쓰는 목적이 있고, 축구공은 골대에 골인이 되도록 만들어진 존재 목적이 있다. 하물며 사람도 개성에 맞게 만들어진 목적이 있을 것이며, 수많은 조직도 설립 목적이 있을 것이다. 존재 목적이 없어진다면 변질된 것이다. 변질은 고유의 존재 목적을 이탈하는 것을 말하는 것이고, 변화는 고유의 목적을 유지하면서 좋은 방향으로 진화하는 것을 말한다.

배는 바다를 항해하는 목적으로 만들어졌다. 하지만 배의 안전을 위해서 운항하지 않고 항구에 닻을 내리고 정박만 한다면, 가장 안전한 방법이겠지만, 배의 존재 목적을 달성할 수 없다. 안전을 위해서 배를 운항하지 않는다는 것은 사고 나지 않기 위해 자동차를 운행하지 않는 것과 같다. 아무리 고가의 자동차를 구입해도 운행하지 않는다면 자동차를 만든 목적이 없어지는 것이다.

사회적 기업은 이윤을 사회적으로 환원하기 위해서 만들어졌다. 하지만 기업을 운영해 창출된 이익이 대표자와 기업에 소속된 직원만을 위해 사용된다면, 그 존재 목적이 사라져버린 것이다. 만약에 그러한 기업이 있다면 근본으로 돌아가 설립 목적을 되새기며, 스스로에게 채찍을 가해 본래의 존재 목적을 위해서 운영되어야 한다.

'정체성을 지키라'는 의미는 만들어진 고유의 목적대로 사용하라는 것이다.

## 원칙을 깨뜨리지 마라

스스로 정한 원칙과 기준은 누군가 보지 않더라도 지켜야 한다. 원칙은 지키라고 만들어놓은 것이다. 즉, 자신이 정해놓은 기준점을 어떠한 경우라도 지켜야 한다. 원칙은 자기를 보호하는 방패이며, 스스로 자신에게 한 약속이요, 하늘에 대한 맹세다.

원칙을 지키기란 생각보다 쉽지 않다. 왜냐하면 혼자 사는 것이 아니라 조직에 속해 있는 삶을 살고 있기 때문이다. 조직의 규칙과 문화를 지키면서 자신의 원칙을 동시에 지키기란 쉽지 않기 때문이다.

'매일 아침 5시에 일어나 운동한다'라는 원칙을 세웠다고 가정하자. 처음 며칠은 가볍게 일어날 수 있지만 3일이 지나고 7일이 지나면 어려움이 생길 것이다. 7일을 꾸준하게 실천하면 3개월을 지키게 되고, 3개월을 꾸준하게 실천하면 그 이후로는 루틴이 되어 영원히 꾸준히 실천할 수 있다. '원칙을 지킨다는 것'은 어떠한 경우에도 변하지 않는 것을 말한다.

돈을 위해서, 자리를 위해서, 명예를 위해서 자신의 원칙을 버린다면 자신은 없어지고 만다. 본질은 없고 껍데기만 남는 것이다. 필자는 직장 생활 28년 동안 술을 먹어본 적이 없다. 이유가 어떻든 술과 담배를 하지 않기로 마음먹은 이후로 절대로 접하지 않았다. 술과 담배를 하지 않기로 정해놓은 원칙이 있었기 때문이다.

회식 자리에서 분위기를 맞추지 않을 수 없는 상황도 수없이 많았고, 때로는 직장 상사의 독촉과 권유도 있었다. 고객이나 조직의 관계자를 대하는 어려운 자리도 분명히 있었다. 하지만 나 자신이 정한 원칙이 있었기 때문에 꿋꿋하게 지켜나갔다. 인간에게는 수없이 많은 일이 일어난다. 그런데 자기 자신의 원칙이 존재하지 않거나, 원칙이 존재하더라도 지키지 않는다면 험난한 세상을 살아가기가 힘들게 된다.

'자기가 정해놓은 원칙과 가치관'은 어떠한 경우에도 지키고 실천하라.

## 원칙은 지키라고 만든 것이다

"子曰 觚不觚 觚哉觚哉(자왈 고불고 고재고재)"

공자는 《논어》 옹야 편 23장에서 원칙에 대해 말씀하셨다. 중국 주나라 시대 고(觚)라는 술잔에 관해 이야기하셨는데, 이 술잔은 둥근 것이 아니라 잡기에 불편하도록 각(角)지게 만들어졌다. 이것은 술의 절제를 위함이었다. 만약 절주(節酒)를 위해 만든 이 술잔이 둥글게 만들어졌다면, 정체성을 잃고 절주(節酒)하기가 어렵게 된다는 내용이다.

고라는 술잔의 정체성은 잡기 불편함에 있다. 정체성과 원칙은 지키기 힘들다.

"먹기 좋으면 건강에 좋지 않고, 먹기 힘들면 건강에는 좋은 법이다."

정체성과 원칙을 지키기란 쉽지 않다. 하지만 오랫동안 지키고 고수한다면 정신과 육체에 이로움을 줄 것이며, 개인의 발전은 물론 조직과 국가의 발전에 크나큰 기여를 할 것이다.

# 에너지,
# 최고의 상태로 유지하라

에너지는 물질만이 순환하는 것은 아니다. 보이지 않는 정신에너지도 순환하고 이동한다. 어떤 조직의 리더(CEO)가 기분이 좋지 않은 상태에 있다고 가정하자. 출근해서 기분이 좋지 않은 상태에 있으면, 부서의 부서장에게 좋지 않은 기운이 전달된다. 아무리 아닌 척해도 표시가 나게 마련이다. 부서장의 기운은 부서의 팀장에게 전달되고, 팀장의 에너지는 직원들에게 전달된다. 그래서 에너지의 중요성은 두말할 필요가 없다. 가정(家庭)의 가장도 마찬가지다. 가장이 직장에서 좋은 일이 있다면 집에 돌아와서도 좋은 기운이 가족들에게 전달된다.

우리가 인생을 살아가는 동안 좋은 에너지와 좋지 않은 에너지는 수시로 바뀐다. 그래서 한 사람의 에너지 상태는 중요하다. 좋지 않은 상황에서 좋게 바꾸기는 쉽지 않다. 그래서 에너지 상태가 좋은 상태로 유지될 수 있도록 평정심과 수련이 필요하다. 인간의 기운이 항상 좋은 상태로 계속될 수는 없지만, 평정심과 좋은 기운을 유지할 수 있도록 육체적·정신적으로 자신을 통제하고 다스려야 한다.

조직의 리더가 가장 하지 말아야 할 것 중의 하나가 화(火)를 내는 모습을 보이는 것이다. 화를 내게 되는 경우라도 평정심을 유지한 채 의사를 표출해야 한다. 그렇지 않으면 조직의 구성원들은 조직의 리더를 존경하기보다 멀리하게 된다. 같은 공간에 있는 동안은 어쩔 수 없이 참고 견디지만, 마음은 항상 리더를 떠나고 싶어 할 것이다. 리더(CEO)뿐만 아니다. 흥분해서 자기를 통제하지 못하고 화를 내면 주변에 있는 누구라도 싫어할 것이다.

어떤 연구에 의하면, 한 사람의 에너지는 첫 번째 옆에 있는 사람에게 15% 전달되고, 두 번째 옆에 있는 사람에게 10%가 전달되고, 세 번째 옆에 있는 사람에게는 7%가 전달되며, 네 번째 사람에게 5%의 에너지가 최종적으로 전달된 후 소멸한다고 한다. 그래서 한 개인의 에너지는 최소 4명에게 전달된다는 것이다. 에너지는 순환한다. 에너지를 최고의 상태로 유지하는 것은 개인은 물론, 리더가 속한 조직 전체를 이롭게 하는 원동력이 된다.

# 전화응대는 솔 톤으로!

금융영업점에서 근무할 때다. 같이 근무하던 지점장님께서 전화를 받을 때는 솔 톤으로 받는 것이 좋다고 말씀하셨다. 우리 지점에 근무하는 직원 중 전화응대를 잘하는 직원이 남직원 1명, 여직원 1명, 총 2명이 있다고 말씀하시면서, 남직원 1명이 바로 필자라고 회의 시간에 칭찬한 적이 있다. 전화응대를 잘하는 다른 분은 선배 여직원이었는데, 목소리가 꾀꼬리같이 낭랑했다. 학창 시절에는 합창부도 했다고 한다. 전화 목소리를 듣는 상대방은 항상 기분 좋은 상태로 전화를 받았다. 이 선배 여직원분은 평소 삶의 태도도 항상 밝고 친절했다. 같이 있으면 기분 좋은 사람으로 느껴지고, 상대방을 배려하는 삶을 살았다. 자연히 전화응대도 밝은 톤이었다. 누구나 그 여직원분을 생각하면 밝고 친절한 사람으로 기억할 것이다.

전화를 받을 때는 저음(低音)보다는 적당한 높이의 음색으로 응대하는 것이 좋다. 전화응대를 저음으로 한다면 왠지 모르게 불친절하게 느껴질 것이다. 전화응대뿐만 아니라 살아가면서 사람을 응대할 때는 상대방의 입장에서 배려하는 것이 좋다. 그러면 자연스럽게 응대를 어떻게 해야 할지 방향이 잡힐 것이다.

# 손님맞이는 버선발로!

보고 싶은 사람을 만날 때는 자신도 모르게 밝은 미소와 함께 반갑게 맞이하게 된다. 우리 모두는 손님인 동시에 주인이다. 영원히 갑과 을, 하나만 되는 것이 아니다. 식당이나 상점을 방문했을 때 종사하는 직원이 아무런 응대가 없다면 고객은 매우 불쾌하게 느낄 것이다. 당연한 감정이다.

교육원에서 근무할 때였다. 교수들과 직원들이 근무하는 사무공간은 매우 번잡하다. 교육생들과 강사들이 수시로 드나들고, 많은 방문객이 들리는 장소이기 때문이다. 그런데 10여 명이 있는 사무공간에 누군가 출입문을 열고 들어왔는데 아무도 응대하지 않고 자기 일에 몰두하는 경우가 있었다. 물론 자기 일에 몰두하다 보면 누가 방문했는지 알지 못할 수도 있다. 하지만 아무도 응대하지 않는다면 방문자 입장에서는 기분이 좋지 않을 것이 분명하다.

출입문에서 가장 멀리 떨어져 있는 필자가 출입문 쪽으로 제일 먼저 달려가 응대를 한 경험이 있다. 필자가 반사적으로 고객을 응대한 것은 과거에 금융영업점에서 훈련받았던 경험이 있었기 때문이다.

우리는 일을 하면서 신경을 열어놓아야 한다. 금융영업점에는 많은 고객이 방문한다. 일에 몰두하다 보면 고객이 오고 가는 것을 모를 수 있지만, 고객 한 분에게도 빠짐없이 인사해야 한다. 고객 때문에 존재하는 직업이기 때문에 한 분이라도 놓쳐서는 안 된다. 지점장님께서 지점장실에 고객이 들어갈 때나 나올 때마다 신호를 주셨다. 처음에는 알아채지 못했으나, 점차 무조건 반사적으로 인사했던 경험이 있다. 이렇게 배우고 훈련하다 보니 고객 응대에 대한 남다른 감각이 생겼다. 이때 배웠던 것들이 훗날 다른 곳에서 근무하면서 응대할 일이 생겼을 때 큰 도움이 되었다.

고객을 응대할 때는 버선발로 나가야 한다. 신발도 신지 않고 반가운 사람을 맞이하듯 고객을 응대해야 한다. 내가 손님이라면 버선발로 맞이하는 사람에게 모든 것을 주고 싶을 것이다. 감동은 커다란 것이 아니다. 소소한 것에 최선을 다하는 모습에 모든 것을 걸 수도 있다. 왜냐하면 소소한 것을 잘하면 큰 것도 똑같이 잘하리라는 믿음을 가지기 때문이다.

# 3

# 시행착오는
# 헛된 것이 아니다


오래전, 금융영업점에서 대출업무를 담당하고 있을 때였다. 소매금융부터 기업금융 거래까지 다양하게 발생하는 영업점이었는데 일이 많아 일하다 보면 퇴근이 늦어져 어떨 때는 자정을 넘어 새벽까지 일한 기억도 있다. 지금 생각해보면 '그때는 어떻게 그렇게 일을 할 수 있었을까?' 싶을 정도다. 당시에는 '이러다가 죽는 것 아닌가?' 하고 생각할 정도였다. 열심히 일하시는 지점장님과 직원들은 사명감으로 버틴 것 같다.

그렇게 모두가 업적을 위해서 열심히 일하다 보니 모든 분야에서 실적이 상승했고, 영업점이 속한 그룹에서 전국 1위를 달성하게 되었다. 모두가 노력한 결과였다.

당시 필자가 소속된 회사는 창립기념일에 전국에서 금융계열 1명, 경제계열 1명, 총 2명을 우수직원으로 선발해서 특별 승진하는 제도가 있었다(지금은 법인별로 나누어져 그때보다 많은 인원이 특별 승진함). 필자가 속한 영업점은 업적평가 결과, 전국 1위의 영업점이었으며, 수고하고 노력한 부분들이 인정되어 필자가 우수직원에 도전하게 되었다.

1차 관문은 지역 추천이다. 필자는 지역 단위에서 추천되어 전국에서 1명을 선발하는 본선에 올라가게 되었다. 준비하는 과정은 혼자만의 힘으로 되지 않았다. 추천되기 위해서는 추천 사유와 추천된 직원의 업적과 그에 대한 활동자료가 첨부되어야 하며, 추천된 직원의 자료가 사실인지 아닌지 확인하기 위해 실제 근무하고 있는 영업점까지 방문해 사실확인 후 주변 동료들의 세평까지 확인하는 절차를 거친다.

우수직원에 선발되기 위해서는 일을 열심히 해야 하는 것은 물론, 참고 자료 작성까지 완벽하게 해야 하는 까다롭고 어려운 절차의 과정을 거쳐야 했다. 이 과정을 위해서 주변 직원들이 많이 도와주어 자료를 만들 수 있었다. 자료를 만들고 보니 나 자신에 관한 자료가 웬만한 책 1권보다도 더 많은 분량의 자서전이 되어버렸다. 완성한 자료를 첫 페이지부터 마지막 페이지까지 꼼꼼히 읽어보면서, 자신에 대해 객관적으로 되돌아보는 시간을 가지면서, 왠지 모르게 가슴이 벅차올라 눈물이 흘렀다.

최종 심사 과정에서 결국 다른 지역에 근무하는 직원에게 우수직원상이 돌아가게 되었다. 필자는 물론이고 지점장님을 비롯한 필자를 도와준 직원들이 아쉬워했다. 시원섭섭한 마음이 교차했다. 하지만 자신을 객관적으로 뒤돌아보는 시간이기도 했고, 부족한 부분이 어떤 것인지도 발견하게 된 기회가 되었다. 우수직원상(賞)을 위해 일한 것은 아니지만, 열심히 일한 것 자체가 보람이었으며, 이 경험이 나에게 주는 큰 보상(報償)이자 선물이었다.

## 도전하면 쓸데 있는 신기한 잡학사전(도쓸신잡)

언제부터인가 교단에 서고 싶다는 생각이 들었다. 학창 시절에 뜻하지 않게 교직과목이 개설되어 있어 전공과 더불어 교직과목을 이수했다. 군 제대 후 교사의 길을 걸을까 생각도 했지만, 현실적으로 통과하기가 어려워 일찌감치 포기하고 현재 재직 중인 회사를 목표로 공부했다.

입사 후 근무하다 보니 임직원을 교육하는 교육원이 있었다. 하지만 낮은 직급에서는 갈 수 없는 자리였고, 직급을 충족하더라도 쉽게 갈 수 있는 자리가 아니었다. 입사 후 20년이 지났을 때였다. 근무하던 회사에서 근무부서와 소속에 관계없이 교수요원 공개모집이 있었다. 마음을 비우고, 합격하리라 생각은 하지 않은 채 가벼운 마음으로 교수요원 공개모집에 지원했다. 정성을 담아 지원서를 작성하고, 결과를 기다렸다. 서류전형을 통과했다는 연락을 받은 후, 말도 못 하게 기분이 좋았다. 2차 관문인 면접 과정도 다행히 통과해 교수의 자리에 오를 수 있게 되었다. 확신은 못 하지만 교직을 이수해 교원자격증을 취득했던 것이 회사 내 교육원 교수의 자리에 가게 된 요소 중 하나가 아니었나 생각된다.

태어난 후 지금까지 도전하고 노력한 것들 중 쓸모없는 것이 하나도 없었다. 비록 바라고 원하던 것이 지금 당장 이루어지는 것은 아니라도, 노력하고 도전했던 것들은 어떤 형태로든지 이루어진다는 것을 깨닫게 되었다.

요즘 유행하는 TV 프로그램 중 〈알쓸신잡〉, 〈알쓸별잡〉, 〈알쓸범잡〉 등 알쓸 시리즈가 있다. 필자도 하나 덧붙이면 '도쓸신잡'을 말하고 싶다. '도전하면 쓸데 있는 신기한 잡학사전'이다. 믿거나 말거나지만 도전해서 나쁜 것 없다.

"도전하면 지금 당장 이루어지지 않더라도, 언젠가는 이루어지리라" 믿으면서 오늘 하루를 살고 싶다.

# 반듯한 마음은
# 감동을 준다

    감사업무를 담당하고 있는 지금은 전국 곳곳을 다니고 있다. 특별한 경우를 제외하고는 평일 저녁에는 항상 출장지 근처에 있는 모텔에 숙박한다. 출장을 많이 다니다 보니 숙박하는 곳은 될 수 있으면 깨끗한 곳을 찾는다.

    경남 창녕 모 호텔에 숙박한 적이 있다. 아침에 호텔을 출발하기 전에 항상 침구와 개인물품을 정리 정돈하고 출발하는 루틴이 체질화되어 있어 여느 때와 마찬가지로 정리 정돈 후 숙소를 나섰다. 일과(日課)를 마치고 숙소로 돌아온 후 옷을 갈아입는데, 책상 위에 무엇인가가 적혀 있는 메모지를 보았다. 메모지에는 이렇게 적혀 있었다.

"깨끗 사용해서요. 감사합니다. 외국 사람 인디입니다."

아마도 외국인 근로자가 방 청소를 하다가 깨끗하게 정돈된 방을 보고 깨끗하게 사용해주어서 감사하다는 내용을 맞춤법에 맞지 않는 서툰 한글로 메모지에 작성한 듯 보였다. 필자는 메모지를 읽는 순간 잔잔한 감동이 몰려왔다. '사람 사는 것은 다 똑같구나!'라는 생각이 들었다.

고객 입장에서는 물건이나 시설물을 사용 후 정리 정돈이 귀찮을 수 있지만, 시설물이나 물건을 깨끗이 사용하고 정리하는 것은 다음에 방문하는 고객들이 기분 좋게 사용할 수 있는 원동력이 된다. 평소 하던 대로 했을 뿐인데, 누군가에게는 감사한 일이 되었다. 정리 정돈하는

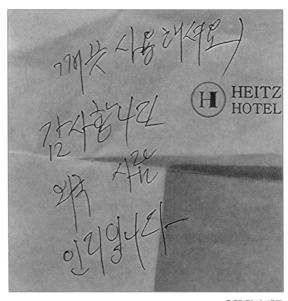

▲ 호텔 감사 메모

일은 어려운 일도, 대단히 고결하고 위대한 일도 아니다. 간단한 습관이자 반듯한 마음가짐일 뿐이다. 반듯한 마음가짐은 감동을 주고, 아름다운 예술로 승화될 수 있는 원동력이 된다.

# 5

# 큰일을 하려면
# 단점을 각오하라

요리를 할 때는 채소 껍질이나 여러 가지 음식물 쓰레기들이 발생한다. 그렇다고 쓰레기를 발생시키지 않도록 요리를 안 할 수는 없기에, 불가피하게 쓰레기가 발생할 수밖에 없다. 하지만 요리함으로써 맛있는 음식을 먹을 수 있는 큰 장점이 있다. 쓰레기가 발생한다는 단점 때문에 요리하지 않는다면 밥을 먹을 수 없게 된다. 즉 장점이 단점보다 훨씬 크기 때문에 우리는 단점을 감내하고 요리를 하게 되는 것이다.

우리나라 사람이 자주 먹는 된장찌개를 예시로 들어보자. 된장찌개를 만들기 위해서는 호박, 감자, 양파, 마늘, 된장, 소금, 돼지고기 등이 필요하다. 하지만 이러한 식자재들은 껍질을 벗겨야 하고, 이 껍질은 쓰레기로 변하게 된다. 쓰레기가 발생하는 단점 때문에 요리하지 않는다면 밥을 먹을 수 없게 된다. 즉 쓰레기라는 단점은 '넘어야 할 산'이고, '건너야 할 강'이다. 피할 수 없는 과정이다.

프랑스 파리에 있는 세계적인 건축물인 '에펠탑'을 보자. 에펠탑은 프랑스 파리의 상징적 건축물로, 1889년에 프랑스 혁명 100주년을 맞이해 파리 만국 박람회를 개최했는데, 이 박람회를 상징하기 위한 기념물로 에펠탑을 건축했다.

하지만 현재의 긍정적인 평가와는 달리 착공 초기에는 도시미관을 훼손한다며, '흉물스럽고 추악한 철 구조물'이라는 비난을 받았다. 이로 인해 20년이라는 계약기간이 만료되는 1909년에는 철거될 뻔한 위기도 있었으나 통신 시설물을 설치해 활용 가능하다는 사실이 증명되며 해체 위기를 간신히 넘겼다.

에펠탑은 만들기 전에도 수많은 반대에 부딪혔다. 에펠탑 건립 계획이 알려지자 파리 시민들은 '무모한 짓'이라고 비난했으며, 에펠탑 주변 지역 주민들은 주거환경을 해칠 것이라고 소송을 제기하기도 했다. 당시 파리 시내 건축물들은 대부분 석조 건축물이었기에 철골 구조물이 가지는 이질성 때문에 에펠탑에 대한 반감이 강했다. 미적인 분야에 관심이 많았던 전문가들로부터 강한 비난이 있었고, 예술적 감각이 없는 공업 기술을 예술의 도시 파리에 끌어들인 졸작이라는 혹평들이 이어졌다.

하지만 에펠탑은 훗날 여러 영화에서 배경으로 자주 사용되면서 '파리' 하면 많은 사람들이 제일 먼저 떠올리는 상징물이 되었다. 지금은 프랑스 대표 건축물이 되었으며, 파리에서 가장 높은 건축물이 되었다. 매년 수백만 명이 방문하는 파리에서 빼놓을 수 없는 세계적인 관광명소가 되었고, 1991년에는 세계문화유산으로 등재되었다. 만약 많은 사람이 생각하는 단점 때문에 반대에 부딪혀 에펠탑을 건립하지 않았다면 오늘의 파리는 없었을 것이고, 세계적인 관광지는 물 건너갔을 것임이 틀림없다.

역사에는 위대한 소수의 생각이 다수의 생각을 능가하는 경우가 종종 있다. 각자가 살아가는 방식은 다양하다. 엄청나게 큰일이 아니라도, 자기가 속한 가정이나 조직에서 자신이 옳다고 생각한 큰일은 단점에 부딪히더라도 장점이 더욱 많다면 반대를 무릅쓰고 밀어붙여야 한다. 가정을 위해서, 조직을 위해서, 국가를 위해서, 지구촌을 위해서.

# 6

# 우주를 향해 구하라!
# 이루어질 것이다

무일푼에서 출발해 10년이 채 안 되어 연 매출액 3,000억 원의 글로 벌 종합식품회사와 세계에서 가장 큰 도시락 회사를 경영하고, 베스트 셀러 《돈의 속성》을 저술한 스노우폭스 그룹 김승호 회장. 그는 《생각의 비밀》에서 마음에 드는 사업체가 보였을 때, 그곳의 주차장에 아침마다 들러 하루에 100번씩 "나는 저 사업체를 살 것이다"라고 머릿속으로 말했다고 한다. 그렇게 4개월이 지나 돈 한 푼 안 들이고 50만 달러짜리 비즈니스를 인수했고, 같은 방법으로 400만 달러짜리 사업을 성사시켰다.

지금도 그는 여러 꿈을 수첩에 적어놓고 다닌다. 또한, 명함 크기 한쪽에 꿈의 종류를 적고, 다른 한쪽에는 그 목표들을 이미지화한 그림을 넣었다. 그는 "억만장자가 되는 가장 손쉬운 방법이 바로 이것이다"라고 말했다.

"구하면 이루어진다"라는 법칙은 사업뿐만이 아니라 모든 분야에 적용된다. 세계적 베스트셀러인 론다 번(Rhonda Byrne)의 《더 시크릿(the secret)》에서는 소원을 이루는 비밀 세 가지 중 첫 번째가 '구하라'라고 했다. 구하게 되면 간절하게 되고, 간절하다는 것은 최선을 다한다는 것이다. 다시 말해, 자기가 가지고 있는 모든 것을 쏟아붓는 것이다. 사업가는 사업이 잘되기를 구해야 하고, 학생은 공부 잘하기를 구해야 하며, 취업준비생은 취업이 잘되기를 구해야 한다. 구하는 자만이 살아남는다. 운도 구하고 노력하는 자에게 간다고 하지 않았는가?

《성경》에도 구하는 것이 얼마나 중요한지 잘 나와 있다.

"너희가 기도할 때에 무엇이든지 믿고 구하는 것은 다 받으리라 하시니라."

– '마태복음' 21장 22절 –

종교인에게는 기도 대상이 신이 될 것이고, 신을 믿지 않는 자는 누군가에게 소원을 구할 것이다. 소원을 구하라. 간절하게 구하라. 그리하면 우주에 메아리가 되어 이루어지게 할 것이다.

목표를 이루기 위해 수백 번, 수천 번을 외치고 구하라.

얼마 전, 서울대학교에 입학하기 위해 두 번의 실패를 경험하고 삼수 만에 서울대학교에 입학한 수험생에 관한 이야기를 유튜브를 통해 본 적이 있다. 그는 고3 때 전교 1등을 놓치지 않았지만, 막상 수능에서 수학 문제 1개가 풀리지 않아 이것이 연쇄적으로 영향을 미쳐 실패하게 되었다. 재수 시절에도 고3 때와 같은 패턴으로 공부해 실패하게 되자, 삼수 때는 배수의 진을 치고 공부했다. 집에 가는 시간도 아까워 도서관 뒷마당에 텐트를 치고 잠을 잤던 것이다. 낮에도 공부, 밤에도 공부하며 잠자는 시간을 제외한 하루 18시간을 공부와 싸웠다. 다각도로 여러 가지 공부 방법을 행해보면서 어떠한 환경에서도 문제를 푸는 방법을 연구해 결국 서울대학교에 합격하게 되었다.

공부 방법과 그 목표를 향한 집념, 모두가 중요하다. 하지만 가장 궁극적인 해결책은 목표를 이루기 위한 기도와 간절함이다. 이 세상에 성공한 많은 사람들에게는 목표를 이루려는 간절함이 있었다. 간절함이 우주의 메아리가 되어 자신에게 돌아와 소원을 이루게 한다. 목표하는 것이 있다면 목표를 이루기 위해 수백 번, 수천 번을 외치고 구하라. 그러면 이루어질 것이다.

# 부지런함은
# 배신하지 않는다

　인사이동 후 새로운 지점장님이 부임하셨다. 새로운 지점장님은 부임하실 때 전화를 받으면서 사무실 안으로 들어오고 있었다. 전화 통화는 꽤 길었으며 업무적인 내용이었다. 그리고 한 가지 더 특이한 점은 지점장님이 고객의 손을 잡고 지점장실로 같이 들어온 것이다. 다시 말하면, 고객과 전화 통화하면서 새로 부임하는 영업점 지점장실 안으로 고객과 함께 부임하셨던 것이었다. 지금까지 잊을 수 없는 직장 선배님의 부임 모습이다. 지금은 은퇴하신 지 오래되었고, 필자도 어느새 그때의 지점장님 나이가 되어 있다.

　인상적인 부임 모습이었다. 시간이 지나자 그 지점장님의 열정과 부지런함의 강도는 하늘 높은 줄 모르고 더욱더 높아만 갔다. 고객에게서 아침 6시부터 전화가 오고, 저녁 12시까지 고객과 전화 통화한다고 했다. 전설 같은 이야기다. 요즘은 욜로(yolo)나, 저녁이 있는 삶을 추구하는 시대이기 때문에 그때의 선배님 모습은 상상도 할 수 없을지 모른다.

덕분에 필자도 저녁의 삶이 없었다. 그런데 그것에 대해 불만족스러운 감정은 들지 않았다. 직장 일이 많으면 당연히 해야 하는 것으로 느꼈기 때문이다. 지금 생각하면 가족들에게 미안한 생각이 들지만, 그때는 가족들도 당연한 것으로 생각했기 때문에 별문제는 없었다.

고객들은 당시의 지점장님을 믿고 금융자산을 맡겼다. 왜냐하면 굉장히 많은 신경을 써주고 이익을 내주었기 때문이다. 같이 일하다 보면 느껴진다. 그 지점장님은 고객을 위해서 물불 가리지 않고 예금과 대출, 보험추진 등 일에 미친 사람처럼 일하셨다. 그에 따른 리스크도 분명히 많았지만, 그런 경우에는 전문가의 손길을 빌어 도움을 받았다. 따르는 직장 동료들도 모든 것을 다 바쳐 지점장님을 서포트했다. 시간이 지나면 지날수록 타의 추종을 불허할 정도로 사무실의 업적은 높아갔다. 이제는 사람이 일하는 것이 아니라, 일이 일을 하는 것처럼 느낄 정도로 눈덩이 효과(snowball effect)를 체험할 수 있었다. 그해 업적은 당연히 전국 1등이었다. 다음 해도 전국 1등이었다. 같이 근무한 2년은 '인간의 한계가 어디까지인가?'를 체험하는 장(場)이 되었으며, 인간의 초인적인 능력을 충분히 발휘할 수 있는 시간이었다.

## 탁월함은 모든 아쉬움을 초월한다

세상에는 많은 시험이 있다. 그 시험에 통과하기 위해 노력하지만, 아쉽게도 아슬아슬하게 떨어지는 경우가 많다. 하지만 억울하지 않게 하기 위한 좋은 방법이 있다. 그것은 '탁월함'이다. 탁월하게 점수가 높으면 아쉬움도 없을뿐더러 구설에 오르지도 않는다. 그 탁월함은 부지런함과 끊임없는 노력과 관심, 몰입으로부터 온다. 부지런함은 배신하지 않는다. 그렇게 노력해도 안 된다면 방법의 문제다. 피드백 후 다른 방법을 시도하라. 길이 열릴 것이다.

## 우주에 닿을 정도로 사랑하는 마음은 절대 배신하지 않는다

교육원 교수로 근무하고 있을 때다. 아침 7시에 핸드폰으로 전화가 걸려왔다. "허 교수님! 아침 식사 같이해요" 하며 밝고 낯익은 목소리로 전화가 왔다. 다름 아닌 충청도 모 농협 조합장님의 반가운 목소리였다. 조합장님께서는 직원이 교육받게 되면 충청도에서 경주까지 새벽 4시에 출발해 3~4시간을 직접 운전해 아침 7시에 도착해서 소속 직원에게 교육을 잘 받으라고 아침 식사와 함께 격려 방문을 하신다. 한두 번이 아니다. 1명도 빠뜨리지 않고 격려 방문하신다. 놀라운 일이다. 말이 쉽지, 결코 쉬운 일이 아니다. 잠깐의 만남을 위해 멀리서 3~4

시간을 운전해 격려하고 난 후 곧바로 떠난다.

효율성 측면으로 보면 이해가 되지 않는다. 그러나 추진 실적을 보면 쉽게 이해가 된다. 항상 높은 점수의 업적평가를 나타내고 있다. 교육도 될 수 있으면 많은 직원들이 갈 수 있도록 기회를 준다. 교육을 가게 되면 옆에 있는 직원이 그 자리를 메우기 위해 고생하게 되지만 공평하게 교육을 보낸다. 누구든 교육을 가고 싶으면 가게 한다. 단기적으로 보면 손해지만, 장기적으로 보면 경쟁력이 생겨 이롭다.

또한, 직원을 대하는 태도가 남다르다. 정말 결혼식 날 신부를 대하듯 공경하는 마음으로 직원을 대한다. 직원과 조합원뿐만 아니라 공경과 겸손의 마음으로 모든 사람을 대한다. 같이 있으면 많은 것을 느끼고 배우게 된다. 겸손의 '끝판왕'이다. 그뿐만 아니라 새벽 4시에 일어나 농사짓는 농업인들을 일일이 방문해 농사가 잘되고 있는지 물어보고 관심을 가진다. 가족보다도 더 농업인들을 챙기신다. 사심은 단 1%도 없이 관리하신다. 이렇게 하니 발전하지 않을 수 없다.

부지런하고 열정을 가지고 살아가시는 분들을 보면 마음이 겸손해진다. 나도 나름대로는 열심히 살고 있음에도 그러한 분들을 보면 더욱더 열심히 살아야겠다는 도전 의식을 가지게 된다.

이순신 장군이 《난중일기》에서 하신 말씀이 생각난다.

필사즉생(必死則生), 필생즉사(則生必死), "죽기를 각오하고 싸우면 살 것이요, 살기만을 생각하고 싸우면 죽을 것이다"라고 했다.

"사랑하는 마음이 우주에 닿을 정도로 강력하다면 반드시 좋은 결과를 얻을 것이다."

# 8

# 성공하려면
# 배수의 진(陳)을 치라

사마천의 《사기》 '회음후열전'에서는 배수(背水)의 진(陳)에 대한 이야기가 전해 내려온다. '병법'에서는 '진을 칠 때는 산이나 언덕을 오른편에 두거나 뒤에 두어야 하고, 강과 연못은 앞이나 왼편에 두어야 한다'라고 했다. 유방이 이끄는 한나라 본(本) 군과 분리되어 북방의 제후국들을 평정하던 한신은 조나라 20만 병사와 대결하게 되었다. 이 전투에서 한신은 훈련도가 낮은 자국의 군사들을 분발시키기 위해, 일부러 강을 등지고 진을 쳤다. 물러설 곳이 없는 공포를 느끼고 사력을 다해 저항하기 시작한 한나라 군대는 한신을 얕보고 공격했던 조나라 군대에게 승리했다.

'사지에 몰아넣은 후에야 살게 되고, 망할 지경이 되어서야 존재하게

된다.'

배수의 진에 대한 이유를 핵심적으로 이야기한 대목이다. '배수의 진'은 전쟁뿐만 아니라 공부, 일 등 어느 곳에서든지 적용할 수 있다. 배수의 진을 치는 마음으로 자기에게 닥친 문제나 일을 처리한다면 성공 확률이 높아진다.

필자는 금융영업점에서 대출업무를 담당하고 있을 때 복잡한 대출 신청 건이 많았다. 담보 물건이 복잡하게 얽혀 있고, 기업 여신은 업체에 대한 신용조사도 신중하게 해야 하며, 감정평가사와 더불어 현장 확인도 자세히 검토해야 했다. 중간 책임자도 없이 바로 지점장님께 결재를 올리기 때문에 담당자인 내가 혹시라도 실수하면 큰일 나겠다는 생각이 들어 혼신의 힘을 다해 업무에 임했다. 정신없이 하루하루를 보내며 업무에 임하다 보니 어느샌가 업무적인 성장과 함께 정신적으로 많이 성장하고 있다는 생각이 들었다.

성장 배경은 내가 업무라는 전쟁에서 '처음이자 마지막'이라는 마음가짐을 가졌다는 것이다. 처음이자 마지막은 전쟁과 비교할 때 목숨 걸고 싸우는 것, 즉 배수의 진을 치는 것과 같다.

## 배수의 진을 치라!
## 10만 임직원이 너의 입술에 달려 있다

　교육원 교수로 근무할 때, 정체성 교육 과정이 있었다. 조직 정체성에 대한 교육은 단순히 이론뿐만 아니라 정체성에 대한 본질을 꿰뚫어야 하며, 임직원들에게 울림을 주는 메시지가 전달되어야 한다. 강의는 종합예술이어야 하고, 교육생들의 시선을 단숨에 끌어야 한다. 정체성에 대한 부분을 강의하려면 나 자신부터 정체성에 몰입해야 했기에 쉬운 문제는 아니었다. 배수의 진을 치고 강의 준비를 했으며, 강의가 시작되어 강의를 진행하던 중 핵심적인 부분에서 나도 모르게 가슴이 울컥했다. 교육생들을 등진 채로 마음을 진정하고 다시 강의를 계속했다. 강의 준비를 너무 깊게 하다 보니 나 자신이 강의 속에 빠져 있었다. 교육생들도 강의에 집중했으며 나 자신이 크게 성장할 수 있었다.

　너의 입술에 10만 임직원의 의식이 달렸으니 배수의 진을 치고 너 자신부터 몰입하라!

# 천천히 아주 천천히!
# 느리게 보이지만
# 최고의 방법이다

"믿고 첫걸음을 내딛어라. 계단의 처음과 끝을 다 보려고 하지
마라. 그냥 발을 내딛어라."

마틴 루터 킹(Martin Luther King Jr.) 박사의 말이다. 인간은 불확실성 속
에서 산다. 아무도 미래를 알 수 없지만, 첫발을 내딛어 시작해보는 것
이다. 한 계단, 한 계단 가다 보면 어느샌가 목적지에 다가가 있을 것이
다. 그 과정에서 그만두고 싶은 충동도 많이 있을 것이다. 그럴 때마다
잘 견디고 인내하면 된다. 세상에는 비약이 없다.

성공하기 위한 최고의 방법은 무엇일까? 그리고 성공하기 위한 가장
빠른 방법은 무엇일까? 사람들은 성공하기 위한 가장 빠른 방법을 찾

기 위해 노력한다. 물론 길을 가다 보면 지름길도 있고, 샛길도 있다. 사고 없이 지름길을 통과하게 되면 시간도 단축되고, 빨리 갈 수 있는 장점이 있다. 하지만 지름길은 보통 위험한 길이 많으며, 가다 보면 가시도 있고 웅덩이도 있고 낭떠러지도 있다. 즉, 정상적인 방법을 벗어나면 항상 위험이 꿈틀거리고 있고 성공하더라도 상처를 입는 경우가 많다. 'high risk! high return!'이다. 리스크가 높은 것은 얻는 것도 많지만 잃는 것도 많다.

《토끼와 거북이》 동화를 보면 명백히 알 수 있듯이, 정상적인 방법이 처음에는 느린 듯 보인다. 거북이는 최선을 다해 달려가지만, 토끼가 보기에는 거북이가 너무 느리게 간다. 하지만 토끼는 중간에 여유를 부리다 최선을 다해 꾸준히 달리는 거북이에게 결국 지고 만다. 태생적으로 몸이 빠른 토끼와 같은 사람에게는 거북이 같은 사람은 우습게 보일지라도 거북이 같은 사람에게는 비장의 무기가 있다. 바로 '꾸준함과 성실함'이다. 한 계단씩 꾸준히 정상적인 방법으로 올라가다 보면 어느샌가 정상(頂上)에 도착해 있다. 그런데 빨리 가기 위해서 편법을 사용하거나 부정한 방법을 사용하면 결국 드러나게 되며 중도하차 하게 된다.

"천천히 정상적인 방법으로 행하라! 느리게 보이지만 가장 빠른 방법이다(The normal way is the high way)."

정상적인 방법을 통해 행하는 것이 최고의 방법이다. 사람은 세상을 살아가면서 비정상적인 방법을 택하는 유혹에 빠지기 쉽다. 왜냐하면 원하는 것을 쉽게, 빨리 얻을 수 있기 때문이다. 하지만 결국 비정상적인 방법은 탈이 나기 마련이다. 유혹을 견디고 정상적인 방법을 택할 수 있도록 자신을 지켜야 한다.

태어나서 초등학교부터 대학교까지 한 번의 실패 없이 졸업하고, 졸업 후 바로 취업하며, 좋은 결혼 상대를 만나 결혼하고 말년에 높은 지위까지 가는 사람이 있지만 드문 경우다. 대부분의 사람은 수많은 시행착오와 실패를 경험하면서 성장한다. 누구나 빠르게 승진하기를 원하고, 빨리 부자가 되기를 원한다. 하지만 인생을 길게 놓고 본다면 천천히 사고 나지 않게 진행되는 것이 바람직하다. 급격히 변하는 것은 반드시 대가를 치르게 마련이다. 정치, 경제, 금융, 제도 등 모든 것이 그렇다. 점진적인 것이 가장 바람직하다.

"꿈을 이루는 데 빠르고 늦은 것은 없다." 대학 입학시험에 낙방해 재수를 하거나 그 이상을 하더라도 취직을 늦지 않게 하면 된다. 취직을 늦게 하더라도 욕심부리지 않고 행복하게 살면 된다. 빠르다고 부러워할 필요가 없다. 모든 것은 마음먹기에 달렸다.

자기가 계획한 일도 한꺼번에 급하게 할 필요가 없다. 하나씩 실천하고 단계를 높여라. 매주 5분씩 빨리 일어나면 3개월이면 1시간 빨리 일어나게 된다. 1시간이면 많은 것을 할 수 있다. 운동이든, 공부든 계획한 일을 할 수 있는 여유가 발생한다. 인생 전체를 보더라도 어떠한 목표를 달성하기 위해 서두를 필요는 없다. 천천히 꾸준히 하다 보면 이루어진다.

# 에필로그

성공은 아주 작은 습관에서 출발한다. 태생적으로 우수한 유전자를 가지고 태어난 사람도 있겠지만, 대부분의 사람은 평범한 유전자를 가지고 태어나 보통의 삶을 살아간다. 어떠한 유전자로 태어나든 사람은 행복한 삶을 살아가기 위해, 자아실현을 위해 노력하며 살아가게 마련이다. 행복한 삶과 자아실현을 위한 삶은 그냥 오는 것이 아니라, 자기가 계획하고 노력해야만 이루어지는 삶이다.

그러한 삶을 살기 위해서는 철저히 자신을 갈고 다듬어 삶의 체질을 바꿔야 하며, 체질을 바꾸기 위해서는 체질을 루틴화하고 생각도 변화해야 한다. 이는 자신의 몸과 정신을 익숙하게 만드는 작업이다. 처음에는 몸도 마음도 적응하는 것이 어렵지만, 3개월이라는 시간, 즉 100일이 지나면 몸도 마음도 익숙하게 되며, '내가 과연 할 수 있을까?' 하고 의문을 가진 행동들이 변하기 시작한다. 어렵지 않게 행동할 수 있는 능력을 가지게 된다. 돈으로 무엇이든 할 수 있는 세상이 왔지만, 근육을 만들고 인내력을 키우고 정신과 사상을 변화시키는 일은 자신만이 할 수 있다. 스스로 노력하고 변화하기 위해 노력한다면 반드시 이루어질 것이며, 몸이 체질화되기 시작하면 성공에 다가간다.

루틴의 시작은 운동에서 출발한다고 감히 주장한다. 왜냐하면 인간이 살아가는 데 기본이 되는 것이 몸의 건강이기에, 건강을 제외하고 루틴을 말할 수 없기 때문이다. 운동은 막연히 생각만 해서는 절대 이루어지지 않는다. 작은 것이라도 일단 시작하면 반은 이루어진 것이다. 그리고 운동화를 신고 나가면 된다. 일어나서는 방해되는 요소들을 멀리하고 온전히 몸을 일으켜 밖으로 나가서 움직이면 된다. 세상에는 부지런하고 열심히 사는 사람이 많다. 새벽을 깨우고 밖으로 나가 보라. 희망과 자신감이 느껴지고 새로운 도전을 하고 싶은 충동이 느껴질 것이다. 뛰어라. 그리고 움직여라. 100일을 견디면 독자 여러분들은 하늘로부터 돈으로 살 수 없는 꽤 괜찮은 선물을 받을 것이다.

건강한 육체, 건전한 정신, 긍정적 사고방식, 그리고 자아실현, 행복이라는 선물이 몰려올 것이다. 이것은 오로지 자기 자신이 스스로 움직였을 때 따라오는 것이다. 누구에게나 이 선물은 열려 있다. 단지 자기가 실천했을 때 열리는 지상 최고의 선물이다. 이제 어떻게 할 것인가. 대답은 정해져 있다. 지금 당장 시작하고 움직여라. 내일이 아니다. 감동이 왔을 때, 바로 시작하라. 비가 오든, 눈이 오든 중요하지 않다.

루틴을 실천하기에는 환경과 여건이 쉽지 않은 경우가 대부분이다. 하지만 신세 한탄만 하고 행동하지 않으면 기회는 영원히 오지 않는다. 작은 것이라도 시작하고 실천하라. 하다 보면 또 다른 기회가 생기고 방법이 생길 것이다. 세상에는 처음부터 완벽히 갖춰진 것이 없다. 학생이라면 공부 때문에 운동할 시간이 없을 것이며, 직장인은 대부분의 시간을 일하는 데 사용하기 때문에 어렵다. 하지만 기회는 준비하고 실천하는 자에게는 반드시 보일 것이며, 처음부터 불가능하다고 생각하고 시도조차 하지 않으면 영원히 오지 않을 것이다.

이 책은 필자가 살아온 삶의 경험을 토대로 쓴 책이다. 일점일획도 허구가 없이 오로지 경험을 근거로 글을 썼으며, 이 글이 독자들에게 좋은 영향력을 발휘해 삶의 질이 개선되고, 긍정적으로 변화하며, 건강하고 성공에 다가가는 삶이 되기를 바라는 마음에서 글을 쓰게 되었다.

"독자 여러분의 인생에 축복이 함께 하기를 바랍니다."

허철희

# 참고문헌

김유진, 《나의 하루는 4시 30분에 시작된다》, 토네이도, 2020

론다 번, 《더 시크릿》, 살림Biz, 2007

제임스 클리어, 《아주 작은 습관의 힘》, 비즈니스북스, 2019

최종엽, 《오십에 읽는 논어》, 유노북스, 2021

정병태, 《언어의 품격》, 넥스웍, 2018

# 루틴의 기적

제1판 1쇄  2024년 4월 19일

지은이  허철희
펴낸이  한성주
펴낸곳  ㈜두드림미디어
책임편집  최윤경, 배성분
디자인  노경녀(nkn3383@naver.com)

**㈜두드림미디어**
등  록  2015년 3월 25일(제2022-000009호)
주  소  서울시 강서구 공항대로 219, 620호, 621호
전  화  02)333-3577
팩  스  02)6455-3477
이메일  dodreamedia@naver.com(원고 투고 및 출판 관련 문의)
카  페  https://cafe.naver.com/dodreamedia

ISBN  979-11-93210-66-6 (03190)